Strength Training for Fat Loss

力量训练减脂全书

（修订版）

[美] 尼克·特米勒罗（Nick Tumminello）著

裴倩 译

人 民 邮 电 出 版 社

北 京

图书在版编目（CIP）数据

力量训练减脂全书 / (美) 尼克·特米勒罗
(Nick Tumminello) 著 ; 裴倩译. -- 修订本. -- 北京 :
人民邮电出版社, 2021.8
ISBN 978-7-115-55719-3

Ⅰ. ①力… Ⅱ. ①尼… ②裴… Ⅲ. ①力量训练－基本知识②减肥－基本知识 Ⅳ. ①G808.1②R161

中国版本图书馆CIP数据核字(2020)第262362号

内 容 提 要

尼克·特米勒罗是美国专业的健身教练，被盛赞为“教练的教练”。本书是尼克教练从事专业健身近 20 年的经验之作，共分 10 章，分别讲解了减脂的益处、力量训练与减脂、减脂的营养策略、循环训练、组合训练、复合训练、自重训练、减脂的热身与放松运动、 减脂训练计划和日常减脂训练的策略，旨在通过科学、高强度的训练方法，加速你的新陈代谢，最大限度地减少脂肪和保持肌肉活力。书中还包括使用杠铃、哑铃、壶铃、拉伸带和其他器械来进行的众多练习，并配有营养建议，可以帮助保持身体健康。

无论你是正在寻找健身训练方法的初学者，还是只想找些新练习来增加锻炼乐趣的经验丰富的健身专业人士，本书都能满足你的要求。

◆ 著　　[美] 尼克·特米勒罗（Nick Tumminello）
译　　裴 倩
责任编辑　寇佳音
责任印制　马振武

◆ 人民邮电出版社出版发行　　北京市丰台区成寿寺路 11 号
邮编 100164　　电子邮件 315@ptpress.com.cn
网址 https://www.ptpress.com.cn
涿州市般润文化传播有限公司印刷

◆ 开本：700×1000 1/16
印张：17.75　　2021 年 8 月第 2 版
字数：348 千字　　2025 年 6 月河北第 8 次印刷

著作权合同登记号　图字：01-2015-8113 号

定价：88.00 元

读者服务热线：(010) 81055296　印装质量热线：(010) 81055316
反盗版热线：(010) 81055315

修订序

《力量训练减脂全书》（修订版）原名《力量训练减脂圣经》，于 2016 年首次出版。本书以科学、系统、全面的力量训练知识体系为基础，一方面详细介绍了减脂与力量训练密切相关的理论知识，另一方面围绕减脂，特别是如何运用代谢力量训练的 3C 训练——循环训练、组合训练和复合训练来加速身体的新陈代谢，最大限度地减脂。因此，本书受到了广大读者的认可。

由于旧版图书在内容表达上尚存在一些不足，本着严谨求实、对读者负责的态度，现对原书内容进行了校对和订正。修订后的图书，内容更加准确，也将更加方便读者使用。

最后，如本书仍有疏漏或尚需改进之处，敬请同行专家及广大读者指正。

2020 年 12 月

谨以本书献给我已故的外祖母丽塔·怀特豪斯和祖母玛丽·简·特米勒罗。自我出生之日，直至她们相继离世，她们都对我疼爱有加，总是让我感到仿佛她们的世界就是在围绕我而转。这种爱，应该伴随每一个孩子的成长，并让其一生拥有。本书还献给我的母亲费思·贝文及我的父亲多米尼克·特米勒罗。虽然他们的人生观颇有差异，对于抚养我的看法也大有不同，但他们有一点是完全相同的，那就是：他们不仅是我至亲至爱的父母，更是我最好的朋友。

目录 CONTENTS

致 谢		I
引 言		V
肌肉名称表		VII
第一章	减脂的益处	001
第二章	力量训练与减脂	005
第三章	减脂的营养策略	014
第四章	循环训练	025
第五章	组合训练	067
第六章	复合训练	109
第七章	自重训练	169
第八章	减脂的热身与放松运动	221
第九章	减脂训练计划	237
第十章	日常减脂训练的策略	261
参考文献		267
作者简介		269

致 谢

当我写这份致谢名单的时候，我的思绪已经沿着记忆的轨迹展开。如果不是名单上的这些人，这条记忆的轨迹也不会铺向现在的道路。

首先，我得感谢我亲爱的女友贾克琳·高夫（洁姬）。她是我见过的最可爱最美丽的女人，团队中的每一个人都需要她，因为她给予我们坚定不移的爱和支持。在我的生命中，我遇到了许多让我感到幸运的事情，其中一件就是认识了你，并且每一天都离你越来越近——洁姬。洁姬不仅是我人生中重要的一部分，还在这本书中担当了重要的角色，她是本书的动作模特之一，我的感激之情就更不必说了。

我想给迪安娜·艾弗里和保罗·克里斯托弗大大的拥抱，不仅因为他们是我拥有的最好的朋友，更因为他们从自己的家庭和朋友中抽出身来给本书的动作做示范。我也欠比利·贝克（我想拥抱的第三位朋友）一堆人情，他允许我们在他的 BB3 训练中心拍摄本书的照片，他是那么热情好客。迪安娜、保罗，还有比利，你们每一个人都永远是本书的功臣，我希望你们能像我一样，以本书有你们的参与而自豪。

我还要感谢佛罗里达州南部的朋友罗伯·西莫内利、麦琪·姆布洛尼罗和亚历克斯·姆布洛尼罗。你们给予我和洁姬专业的支持和力所能及的帮助，是无法用金钱来衡量的。我永远为拥有你们这样的朋友而心存感激。

作为一个健身爱好者，我还得好好感谢我长期以来的朋友，我的高中同学布拉德·德劳德。从高中毕业，到二十五六岁，他是我能找到的最棒的举重伙伴，我们一起流血流汗，这是我拥有的最美好的回忆之一。我感谢布拉德，是他让这段时间成为我一生中如此有趣、值得回忆且重要的时光。

我要特别感谢的是我的妈妈费思·贝文，不仅因为她是一个伟大的母亲，更因为她的抚育之恩。正如她所说，我是她“一把屎一把尿拉扯大的”。同您一起去健身房，那是20世纪80年代的事儿了。那时您正在为健身秀做训练，您对于健康、积极生活方式的投入，显然对于成就今天的我及我所做的职业有巨大的影响。同样要感谢约翰·法瓦利耶：谢谢您，您是母亲的好丈夫，也是我的好朋友。

如果说我从生活中学到了一件事儿的话，那就是我知道了这世上既有聪明人，也有善于思考的人。聪明人善于记忆事实，而善于思考的人则善于解决问题。我的父亲多米尼克·特米勒罗不仅教会了我永远都要做自己——一个有独立思想的人——还教会了我如何成为一个善于思考的人。他说，对于善于思考的人来说，“没有问题，只有解决办法”。这本书讲的全部是关于寻找办法、用经过检验的训练原则来提供安全有效的训练解决方案。因此，如果没有从您那里得到启发和生活的经验，是不可能有这本书的。

作为一个专业的健身教练，我十分感谢马克·斯巴塔罗。他不仅是我如兄长般爱戴的人，还是我近10年的私人训练馆Nology健身（位于马里兰州的巴尔的摩）的合伙人。我真是太幸运了。我一直热爱给客户和运动员做培训，每天同马克一起工作，让我更加热爱这个工作了，因为可以和我最好的朋友在一起。如果不是马克，这本书肯定不可能完成，因为书中介绍的所有的技巧和运用，都是在我们一同拥有的健身房探索、改进出来的。

我要与我所有的朋友和同事握手相拥。他们花时间与我分享了他们自己的智慧和经验。他们一直都在帮助我，让我成为一个更好的训练者和老师。还要感谢他们为健身这一行业的发展所做的巨大贡献。他们是：布雷特·孔特雷拉斯，布拉德·舍恩菲尔德，鲍勃·埃斯克雷，吉姆·基尔巴索，麦克·T.尼尔森，乔纳森·罗斯，艾伦·阿拉贡，利·皮尔，马克·科默福德，东北研讨会上的鲍勃和龙·罗塞蒂，肖恩·米斯卡，鲍勃·泰勒，文斯·麦康奈尔，马克·杨，比尔·索恩马克尔，卡桑德拉·福赛恩，乔斯·安东尼奥，罗杰·罗森，麦克·莱茵霍尔德，埃里克·克雷西，托尼·金特科尔，本·布鲁诺，丹·布莱维特，余迪·凯贝尔，大卫·巴海思，史蒂芬·霍尔特，玛丽·斯巴诺，杰里米·肖尔，马克·麦基恩，查尔斯·斯特利，艾琳·贝格尔松，大卫·杰克，乔恩·埃里克·卡瓦莫托，卢卡·霍切瓦尔，乔纳森·古德曼和克劳迪娅·米科。

我也要好好感谢在巴尔的摩时同我度过大段时光的好朋友和长期的客户：马克·西蒙， 芭比·霍内夫尔，卡蒂·霍内夫尔，希拉·费希尔，卢夫斯·威廉姆斯和希拉·威廉姆斯，玛丽·哈克尼和哈普·哈克尼，贝兹·戈尔曼，莫伊拉·霍恩，吉普·科克伦，玛姬和沃尔特·布鲁斯特，迦尔纳·沃森，凯斯林·斯韦雷恩，阿利·奥利佛，亨利·史密斯，斯科特·安德尔森，克雷格·鲁本斯坦，约翰·拉洛和宾基·乔恩，瑞克·德佩尔，艾伦和查理·里扎拖，奎因·塞普纽斯基，凯特·格雷韦·布兰肯西普，丹尼尔·布兰肯西普，琳赛·詹伟，安德里亚和拉里·奈特，肯·沃尔夫，康斯坦斯·怀特，莱西·莫利，安妮·詹金斯，班杰和提姆·詹金斯，摩根·约翰逊，扬尼·龙塞布拉特，加里·斯塔斯尼，尼克·克里斯托，乔伊·布里茨，余迪·凯贝尔，艾利·考克斯，泰瑞·雷克斯罗德·比克福德和丽萨·夏利奥。这个名单上的很多人都在本书中扮演了重要角色，因为许多的训练理念、技巧及方法都是首先由他们发明并运用的。

作为健身类图书作家，我必须感谢 Human Kinetics 出版公司这个大家庭——特别要感谢贾斯汀·克卢格、劳拉·普利亚姆和尼尔·伯恩斯坦——给予我机会，允许我通过这本书向健身界稍稍分享我本人以及 Performance University 的训练理念及技巧。能同你们一起工作，让本书最终出版，实在是我的荣幸。

我有幸为许多主流的健身杂志和网站写了些文章。如果不是肖恩·希森，T.C.卢奥马，卢·舒勒，布莱恩·克拉恩，迈克尔·卡普拉尔，内特·格林，安德鲁·赫弗南，珍·辛克勒，大卫·巴尔，吉姆·凯西，亚历山大·祖斯基，杰布阿迪亚·罗伯特，杰里·金德尔，安迪·黑利，瑞秋·克罗克，杰夫·欧康诺，尼克·科利亚斯，丽萨·戈麦斯，尼克·布隆伯格，艾琳·麦吉和莎拉·马斯，就不会有这些文章，我也不会得到这么多的写作经验和名誉。

作为一个健身教育者，我不得不感谢班杰·詹金斯帮助我创建了我的第一个 10 张 DVD 的项目，感谢里奥·桑塔纳帮我整理跟进；还要感谢戴恩·达文波特，他在帮助我继续开发 Performance University 网站时表现出色。

这些年，我参与过从中国到冰岛、从冰岛到全美的各种会议和大事件，并拜访过这些地方的健身中心。这些活动都是一些专业的健身机构和个人举办的，我也要好好感谢他们给我这个荣誉代表他们出席。还特别要感谢 IDEA 和 NSCA 的全体员工，以及迈克·贝茨和尼克·布隆伯格。

最后，仍然很重要的是，我非常感谢皮特·博南诺及 Reebok（运动服饰及设备品牌）的全体人员，以及马特·保尔森和 Hylete（运动服饰及设备品牌），还有伯特·索林、理查德·索林和 Sorinex 器械大家庭中的每一位，感谢你们多年以来对我的支持，给我提供了世界上最棒的健身服饰和训练器械。

引言

大部分关于减脂的书都是饮食方面的，而大部分饮食类图书又是基于一时的风潮，像流行的服饰风格那样如过眼云烟。然而本书既不是基于风潮，也不是基于奇迹宣言，而是建立在科学的训练原则、合理而现实的营养策略、坚持不懈以及刻苦训练之上的。

没错，减脂需要刻苦训练和坚持不懈。这里所说的坚持不懈，并不仅仅指锻炼的频率，还包含了你的食物选择。话虽如此，尽管吃什么对于减脂至关重要，但本书并没有用全部的篇幅来告诉你需要了解的知识，也没有要求你进行严格的节食，因为这是不切实际的。 因此，本书仅用了一整章的内容来讲营养方面的相关知识，你所需要的都在其中了。其余的章节重点介绍有关减脂的训练方面的内容，特别是如何运用代谢力量训练的 3C 训练——循环训练、组合训练和复合训练——来加速你的新陈代谢，最大限度地减少体脂，而与此同时，保持你的肌肉量，甚至还会使你的肌肉增加。简而言之，本书提供了简单易学又实际的指导，以保证你所进行的锻炼尽可能方法巧妙、安全、高效，并且有成效。

经验不足的训练者会喜欢本书简单的信息呈现方式，进阶训练者和健身专业人士也定会欣赏书中呈现的有效的或者说基于原则的训练方法。他们还能从中获得令人激动的新观点和组织策略，并用于减脂训练中。因此，无论你是寻找分步指导的初学者，还是只想找些新练习来增加锻炼乐趣的经验丰富的健身专业人士，本书都能满足你的要求！

全书的编排使每一章都可以独立成为训练概念和技巧的参考资料，你可以来回查阅。在第一章“减脂的益处”中，我列举了许多减脂的目的。减脂远远不是只为了让你看起来更棒。当然，改善你的外形是一件不错的事情，但是减脂还有一些健康和运动表现方面的目的。

在第二章“力量训练与减脂”中，我讨论了代谢力量训练的 3C 训练，即循环训练、组合训练和复合训练，它们构成了本书训练原则的基础，并阐释了 3C 为什么是减脂的有效方法。在第三章“减脂的营养策略”中，我将告诉你如何以简单、合理和实际的方式安排饮食，一切都是你应该知道的（没有任何不必要的内容），以保持健康、加速新陈代谢，最终最大限度地减少你的体脂并保持你的肌肉量。

在第四章“循环训练”中，我介绍了什么是代谢力量训练的循环训练，如何应用各种类型的减脂循环训练，以及如何使用杠铃、哑铃、壶铃、拉伸带和其他器械来进行众多练习。在第五章“组合训练”中，我讨论了各种代谢力量训练的组合形式，讲解了大量使用杠铃、哑铃和壶铃的组合练习应用。在第六章“复合训练”中，我探讨了代谢力量训练的复合形式和各种使用杠铃、哑铃、壶铃及奥林匹克杠铃片的复合练习动作。在第七章“自重训练”中，通过提供各种自重练习，组合练习及复合练习，我会告诉你如何进行自重训练来减脂。

在第八章“减脂的热身与放松运动”中，你将获得各种热身和自我按摩的操练。练习这些项目可以使你的训练更加全面。在第九章“减脂训练计划”中，我提供了初级健身房自重训练计划和中级计划来帮你打好训练基础。对于有训练基础的人或者进阶训练者，我也提供了 6 个月的代谢力量训练计划。这是一个集各种循环训练、复合训练和组合训练于一体的全面训练计划。此外，我还会教你如何使用减脂 5+ 训练。最后，在第十章“日常减脂训练的策略”中，我讨论了休息与恢复、交叉训练选择、安全训练的一般规则及练习选择的策略，以保证你在未来相当长的时间里可以达到最佳的训练效果。

既然你已经知道了本书的内容，那咱们就进入正题吧！

肌肉名称表

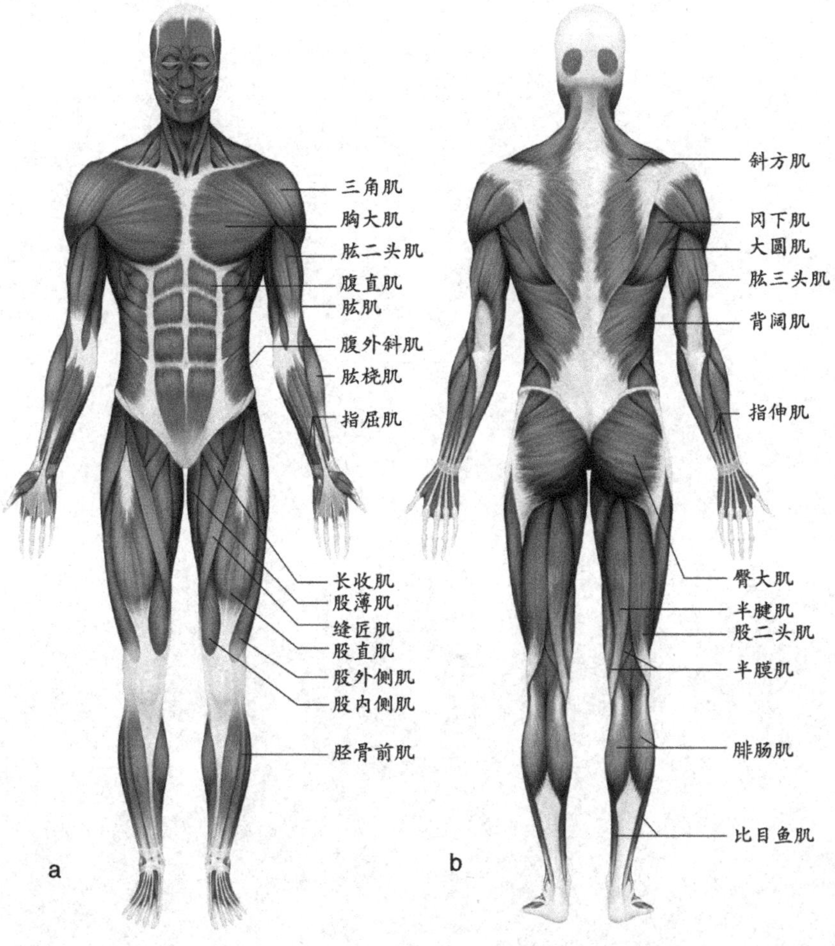
三角肌
胸大肌
肱二头肌
腹直肌
肱肌
腹外斜肌
肱桡肌
指屈肌
长收肌
股薄肌
缝匠肌
股直肌
股外侧肌
股内侧肌
胫骨前肌
a
斜方肌
冈下肌
大圆肌
肱三头肌
背阔肌
指伸肌
臀大肌
半腱肌
股二头肌
半膜肌
腓肠肌
比目鱼肌
b

第一章
减脂的益处

减脂几乎总是和身材联系在一起，从各种杂志、图书和电视广告就可以看出。这毫不令人惊奇，因为几乎每个人都想要健硕的、运动员般的身体。这使我们的身材更好看，不管是穿着还是脱下衣服时。但是，减少体脂、拥有一个健硕的体魄对于改善健康、提升运动表现又有什么样的好处呢？在这一章，我将要和你分享的是，本书所提出的减脂计划对运动员、只在周末锻炼的人们及健身爱好者在健康和运动表现方面的众多益处。

提升运动表现

衡量运动员的表现有许多关键性指标，其中有两项就是能跑多快、跳多高。所以，许多教练和星探在篮球和足球等运动中使用一些跳高测试和冲刺测试来挑选运动人才。虽然现在大多数人并不是以体育为职业，但是我们都喜爱和朋友及家人一起运动。而且，如果想参加什么运动就可以参加，想怎样支配自己的身体就能够怎样支配，也是一件很棒的事。

是的，一个有效的减脂计划能够帮助你跑得更快、跳得更高！设想一下，你背着背包，里面装有重 20 磅（1 磅约为 0.45 千克）的石块，然后以你最快的速度冲刺 50 米。放下背包再跑一个 50 米冲刺。你觉得是背着包跑得快还是不背包跑得快？背包会减慢你的速度，当然是不背包跑得快。原因很简单，背包跑负重更大。这个道理也适用于跳高。显然，没有背包这一额外的负重，你可以跳得更高。

想象的背包，代表了现实生活中身体多出的 5 磅、10 磅、20 磅甚至更大的重量对我们运动表现的制约。换句话说，如果你减掉 5 磅、10 磅、20 磅甚至更多的脂肪，这感觉就像放下一个很重的背包。当减掉脂肪时，你自然而然地就会变得更加健壮（跑得更快、跳得更高）。因此，不管你是周末运动者，还是优秀运动员，如果你想提升运动表现，本书提供的有效减脂计划都恰好是你超越竞争对手所需要的优势。

增强肌肉力量

我刚刚解释了减脂是如何提升运动表现的，现在，我们来谈谈减脂如何增强你的肌肉力量。

通常所称的“相对力量”，是指你相对于自身体重有多强壮。它是身体力量的重要方面之一。例如，引体向上做得最多的那个人，拥有的相对力量值比其他人要高，因为他能更多地克服自己的体重，比其他人更多地重复动作。

在进行像俯卧撑、引体向上、深蹲、箭步蹲、台阶跳等力量练习时，你不仅要克服身上可能承担的各种自由重量，你还在克服自己的体重。你携带的额外体重（即体脂）越多，你感觉就越虚弱，你能完成的运动量就越少。让我们回到之前的背包类比。背上那个很重的背包，再进行深蹲、俯卧撑、箭步蹲和引体向上。与不背包相比，背包后你能重复的动作次数将大大减少。再举一个例子，有些人一个引体向上都做不了，因为他们不能克服自身的体重。他们在健身房能选择的训练形式就会很有限，他们的训练就不那么有趣和有成效。总之，你身体承担的额外重量越少，你在健身房能做的重量训练和重复次数就越多，这样就可以持续地增加肌肉和增强肌肉力量。

改善有氧能力

额外的重量不仅会影响你在运动场和健身房的表现，它还能影响你打完全场比赛的能力，或是和朋友、家人长距离徒步的能力。心肺条件也称“工作能力”，是指疲劳感来袭前你的持续工作能力。不管你是以比赛为职业，还是进行徒步，你必须拥有可以完成该运动的能量。显而易见，承担额外的重量，会使你比体脂更少时更快地感到疲倦，最终放弃。额外的体脂会消耗能量。

增加体内能量

在我们生活的这个世界，我们被各种能量饮料所包围。它们大多销售得很好。本书并没有讨论例如能量饮料这样的具体营养补剂有何利弊，但是，我可以告诉你的是，我们都拥有大量的能量，足以让我们在感到疲倦之前完成每天的活动。

正如我们讨论过的，更高的体脂会让你在生活和比赛中更加费力，因此，你的额外体脂越多，你就会越快感到疲倦并需要补充能量。在办公室或者家中携带着那个重重的背包，会像在运动场或是健身房一样拖累你。执行减脂计划会有助于你减少脂肪，进而将会帮你更有效地使用能量。这不仅会让你一整天都感觉很棒，还能让你省钱。因为你不用再买那些贵的能量饮料来撑过一天。

拥有更健康的关节

减脂能够让你关节过度负重的风险最小化。你知道，关节处是没有血管的，这就意味着关节需要规律性的运动（压缩和转移）来吸取养分，并把废物排出我们的体外。简单来说，我们的身体对压力和运动会有所反应，而一个积极的生活方式能够通过给予关节所需要的活动，来帮助我们保持关节的健康。但是，如果你承担了额外的重量，运动时就会感到不舒服，导致你采取经常久坐的生活方式。然而这种生活方式并不有利于给予保持关节健康所需的规律性运动。此外，关节压力太大会导致它们出问题，变得不健康。想想我们关节的构造和功能吧。显然，承担多余的体脂会把原本有利健康的活动和锻炼，变成超越关节承载能力的负荷，并使我们面临关节受损的高风险。

而且，体脂过多还会增加患骨质疏松症和关节疾病的危险。

拥有更健康的体重

在这个时代，不只是心脏病专家，人人都知道体脂过多（即超重）会给心脏带来更大的压力，并增加诸如糖尿病、高血压、高血脂和心脏病等健康问题的风险。落实本书提出的营养策略和健身计划，保持一个健康的体重，能够明显地提升心脏的健康水平，降低血压、降低血脂，并降低受心脏病袭击的风险。

换句话说，减少多余的脂肪，不仅能够使我们的身体从外观上看起来很棒，还能使身体内部也更加健康。当然，某些遗传因素对健康问题有影响，比如心脏疾病。但是，这并不意味着我们不应该尽一切努力把该风险降至最低。

减轻生活压力

让我们面对现实吧，我们都想让身材看起来很棒，这没有什么不对的。在生活中，我们已经有够多需要操心的事情了——工作、财务、时间管理，而担心我们在他人眼中看起来如何又给我们自己增加了压力。

值得高兴的是，本书中的训练计划和营养策略不仅可以帮助你身材更好，使你感到更加自信，还有助于从其他两个方面减轻压力。第一，它们给你提供了一个浅显易懂、容易使用的体系。这个体系建立在合理的饮食以及健身原则上，而不是几年之后就不再流行的风潮。这样，你就不会因前后信息矛盾和健身、饮食潮流总在变化而感到困扰。这本书给你的指导简单、合理，并且有科学依据，正是你一直在寻找的。你要做的，就是在训练中遵循这些指导。这就引出了第二个方面——本书中的训练计划能够帮助你减轻压力，是因为锻炼是减压的好方式。正如在那些有关训练的章节里将要看到的，本书提供了足够多的练习和训练方法，帮你保持训练的兴趣。

减少焦虑和抑郁

早在 1981 年的研究就已经得出结论，有规律的锻炼不仅可以改善轻度和中度抑郁者的心情，对治疗重度抑郁者也有辅助作用。其他研究甚至还发现，锻炼的效果比那些抗抑郁药的效果持续的时间还要久。

关于焦虑，研究已经表明，锻炼减少人们的焦虑，是通过使锻炼者大脑发生变化来实现的。这一证据说明，与那些久坐的人相比，爱运动的人可能更不易受由某些压力、焦虑引起的不好现象所影响。

改善睡眠

睡觉是我们的身体休息和恢复的方式。除了使心情变好和减轻压力之外，研究还发现，锻炼还可以改善睡眠模式，帮助你在白天变得更加清醒，并促进夜晚的睡眠。让我们面对这个事实，如果你在坚持锻炼，尤其是在使用这本书中的训练计划，你的身体将需要休息和恢复，因此更有可能使睡眠状况得到改善。

现在你明白了，为什么一个好的减脂计划，它的价值远远不止是让你穿泳装时看起来很棒。它最大的价值是使你能够在生活中、在健身房里和做运动时改善你行动的方式，让你感到健康，并且降低患关节疾病的风险。

第二章
力量训练与减脂

我们可以从三个层面来看待健康和健身问题：精神层面、身体层面和化学层面。从身体层面看，任何健身计划想要完全成功，还必须辅以良好的营养（即化学方面），而且它必须能够使你感到兴奋，想要坚持下去。因为，不管这个计划有多好，没有坚持不懈都不能起到作用。

这一章涉及精神和身体方面。我们不仅要讨论为什么这本书中介绍的理念和技

肌肉：代谢活跃的组织

肌肉是代谢活跃的组织。换句话说，肌肉是你体内储藏的体脂进行燃烧（即作为能量来使用）的物理场所。更多的肌肉需要更多的能量。因此，你的肌肉越多，24小时内你燃烧的热量和脂肪也就越多。甚至即使你睡觉时也是如此！一般认为，每磅（0.45 千克）肌肉燃烧热量的数值为 30~50 卡路里（1 卡路里约为 4.19 焦耳）。虽然人们对这一数值有争议，但我们仍可以放心地按这个范围的最低值来计算——每磅肌肉燃烧 30 卡路里。这意味着，仅仅增加 5 磅的肌肉组织，每月就可以减掉 1 磅脂肪，而且是在不对你的饮食做任何改善的情况下。那么，增加 10 磅肌肉就会有效地令新陈代谢效果加倍。尽管增加 10 磅肌肉对于某些人来说似乎是一个巨大工程，事实是，当分散到整个身体时，这点儿肌肉量就显得微不足道了。

简单地说，人类身体就好比汽车。如果在你的车里安装一个更大的发动机（即增加肌肉块），当开车（即运动）时，你就会比之前燃烧更多的燃料（即热量）。而你想要的与汽车的情况相反，你希望在使用“燃料”方面变得“效率低下”，因为完成既定的运动项目所消耗的能量越多越好！

因此，通过适当的训练和饮食策略来进行力量训练，保持肌肉量，对于减脂至关重要。

巧能够改善你的外形，提升你身体的功能，还要讨论为什么它们比许多传统方法（例如有氧运动和健美训练）更令人兴奋。正因如此，如果想要保持精神上的投入，并且对每一个训练都有所期待，本书提供的方法正是你所需要的。简单地说，你将会明白，为什么《力量训练减脂全书（修订版）》的训练理念和训练计划是可靠和超级有效的；为什么这些训练计划设计得如此有趣，令你一直想继续练下去。

力量训练可以增加肌肉量

既然你已经明白了为什么需要肌肉来有效地燃烧脂肪，那么问题就变成“如何增加肌肉量”和“如何在减脂的同时保持（增加）肌肉量”。大家都知道，增加肌肉量最有效的方法就是进行力量训练。可是，就连健身专业人士似乎也对研究表明的最佳动作组合和动作重复方案有错误认识。在健身房，你经常会听到周围的人信口开河地建议道：“想要有块儿，一组动作重复的次数要少些；想要瘦和苗条，重复的次数就要多些。”可惜的是，这个常见的建议是错误的。以下是原因。

首先，男士们经常提到的有块儿和女士们经常说的苗条，其实都是指身体健硕，而健硕的身材是通过减少体脂得到的。其次，大部分男性似乎对于增加某些肌肉块感觉还不错，但是遗憾的是许多女性认为这样她们就会变得很“壮”。这实在是太傻了，因为女性体内的睾酮远远少于男性。所以，请允许我单独对女性朋友说两句。

当你谈“调整”“增强”或是“塑造”身体的某些部位时，你谈论的其实是肌肉。简单来讲，肌肉成就了你的体形。因此，更多的肌肉等于更多的肌张力。离开肌肉锻炼，你不可能变得更有活力、更加丰满或是更加性感。

那么，女性朋友们，为了锻炼这样的肌肉，你需要刺激肌肉组织，而小哑铃可不是能够刺激肌肉组织的工具。相反，女性常常受益于更大重量的推举训练，就是她们经常看到男性做的那种训练类型。更不用提这一点了，正如我之前说过的：肌肉是代谢活跃的组织，这意味着肌肉燃烧脂肪。简单地说，肌肉越多，新陈代谢速度也就越快！

最后，无论做什么类型的重复练习，你的肌肉都不会变得更“瘦”，因为肌肉发展的方式是这样的：它们要么变得更大更强壮（发达），要么因缺少锻炼变得更小更虚弱（萎缩）。或者，它们保持不变。换句话说，肌肉成就你的体形，瘦（体脂低）只是让你更好地展现你的体形。

成功的前提是打好肌肉基础

锻炼肌肉就像建造房屋，需要从打地基开始。为了使这本书中代谢力量训练的理念和训练计划效果最大化、最可靠，你首先必须拥有一个进行力量训练的基础。打好训练的基础，你就可以在这个基础上增加训练，你的基础打得越好，你能在上面增加的训练也就越多。穿袜子之前你不会先穿鞋。所以，遵循正确的程序，不要提前跳到那些看着最有趣的东西。这样，你将得到最佳的训练效果。花3~5周时间为力量训练打基础，有以下这些好处：

- 加强你的肌肉、关节、韧带、肌腱、骨骼等的力量；
- 帮助你熟悉、使用最佳的方式来进行基本的力量练习，以预防与训练相关的损伤；
- 提升你的身体意识和大脑能力，以更好地运用肌肉；
- 通过增加肌肉提高你的代谢动力（记住，肌肉是代谢活跃的组织，更多的肌肉意味着燃烧更多的能量，在你训练或是睡觉时都是一样的）。

如果你没有训练基础，那么第九章“减脂训练计划”为你打基础提供了训练计划。除非你现在已经进行了几周的力量训练了，否则，请在开始本书其余章节介绍的代谢力量训练计划之前，先进行第九章介绍的基础力量锻炼计划。

调整增肌的动作组合和动作重复次数

锻炼肌肉、打好基础的关键之一，就是要通过你使用的动作组合和重复次数来刺激肌肉，使肌肉得到增长。事实证明，不同的动作组合和重复次数会引发不同的生理和神经反应。下面我们来大致看看不同的动作重复次数分别可以产生什么样的刺激。

1~6 次的动作重复

每组动作重复1~6次，运动单位募集就会增加。借助这样的主要神经因素，可以增加肌肉力量（即力量输出）。每当你使用你的肌肉来抬举重物或者在体育赛事中使用爆发力，这一范围的动作重复次数能够帮助你的身体带动更多的肌肉活跃起来。如果你把你的身体想象为一台计算机，在这个次数范围内训练，就好比升级你的软件系统，这样你的计算机就可以更快、更有效地运行程序（即开展各种活动）。

8~15 次或者更多的动作重复

事实证明，每组动作重复8~15次或者更多，主要能够刺激肌肉，使肌肉增大（发达）。这主要是由肌肉和结缔组织中的生理变化引起的。因为这个范围使用的重复次数更多，负重更轻，因此，训练产生的代谢应激更强，肌肉泵感更强烈，而这都已被证明能够帮助增加肌肉横截面积（即帮助你增加肌肉）。所以，超过6次的更多重复次数（8~15次），一般对于增肌最为有效。这是因为它能够产生更多的生理反应。回过头来，再把你的身体想象成一台计算机，这样的重复次数有助于升级你的硬件系统。

刚刚讲到的这两个重复次数并不是相互排斥的。把两者结合，能有积极的效果——如果你拥有强大的结缔组织和大块肌肉，你可以举起更重的重量（每组动作重复1~6次）；如果你已经变得更强，能够更好地使用你所拥有的肌肉，你每次重复（重复8~15次）都将比你不具备更高的肌肉唤醒神经能力时更加有效。进一步说，既然两种次数的动作重复都可以促进积极的改善，你当然可以着重使用那个最适合你目标的重复次数。此外，6~8次的重复，可以作为在两者之间的不错选择，能够增加肌肉力量和肌肉尺寸。

什么是代谢力量训练

本书的基础是代谢力量训练，也就是运用革新的力量训练概念加速新陈代谢，帮助你在减少体脂的同时，锻炼肌肉并保持肌肉量。此外，书中所设计的训练项目，目的就是要给你提供一个真正让你喜欢的训练计划。让我们一起来看看代谢力量训练的概念是什么，它们如何发挥作用，以及为什么代谢力量训练可能比其他减脂训练方法更加可靠有效。

本书使用了三个代谢力量训练的概念，我把它们称为减脂力量训练的3C训练：

1. 力量循环训练；
2. 力量组合训练；
3. 力量复合训练。

第四章至第六章分别讲述一个3C训练方法。在这些章节，你将分别学到这些代谢训练的原理是什么，如何使用杠铃、哑铃、壶铃、健身实心球、瑞士球、阻力带和拉伸带等进行众多的实际练习，从基础的动作到高级进阶。此外，第七章介绍了使用3C方法的自重训练技巧，第九章解释了减脂5+训练公式。不管你现在健身水平如何、是否受空间和器材的限制，了解了本书中所有的代谢力量训练概念之后，你都将能够马上运用本书的大量技巧，来帮助你燃烧脂肪，极大地改善身体健康水平和身体状态，且不损失肌肉量。

3C训练是如何发挥作用的

为什么代谢力量训练的3C训练在燃烧脂肪方面极其有效？原因有以下三点。

1. 高强度

这些训练计划或是使用有挑战性的重量，或是使用更小的重量但要求你迅速完成动作。无论哪种情况，都迫使你刻苦训练。强度越高，对新陈代谢的影响就越大。

2. 牵动整个身体

代谢力量训练中的3C训练，锻炼的都是整个身体，牵动你的上肢、下肢和核心肌肉。并且正如之前所讲的一样，肌肉是代谢活跃的组织，因此你使用的肌肉越多，你燃烧的热量也就越多，你的训练计划也就越有效，减脂也就越快。

3. 需要持续重复性的练习

所有的研究一致表明，训练的时长与运动后过量氧耗（EPOC）（即训练回合结束后所消耗的热量）存在直接的关系。本书中的代谢力量训练方法比传统的力量训练动作组合所花费的时间更长。因此，它们不仅要求你进行高强度、全身的运动，还要求你持续进行这种爆发性运动。

的确，执行在研究中已经得到评估并且经过科学证明的训练计划会很棒，但是如果要求持续跟进每一个训练计划，尤其是当我们每隔几周就要改变计划来保持训练内容新鲜有趣时，这就不现实了。具体的训练策略不必经过科学验证，只要它们的依据是科学的，建立在一般原则之上，且经过反复证明，这些一般原则又是可以产生你想要的健身效果即可。这样，本书描述的这三个训练方法不仅从科学上讲得通，而且还切合实际。换句话说，想要知道3C训练结合起来如何能燃烧大量的脂肪，有效减少体脂，锻炼肌肉代谢能力，你不必成为训练专家。而清晨在跑步机上漫步所能达到的效果，是根本不能与3C训练相比的。

而且，你将发现第九章提供的训练计划，并不是全部使用3C训练中的某一个训练方法。相反，每一个训练计划都将三者全面地融合在一起，来保证训练内容更加多样化和有效。这是因为，尽管建立在相同的代谢训练原则上，3个训练方法带来的好处不同。 更有可能的是，运用3个训练方法产生的效果比只用一种方法效果更好。

3C训练和传统训练方法

我们不能只谈像3C这样的减脂新方法，而对有氧训练这样的传统方法避而不提。有氧训练被认为是减少体脂的首选方式。在这一部分，我们首先要做的就是，通过揭穿那些太过寻常而又不为人所知的训练谜题，告诉你关于有氧训练的赤裸裸的真相。接着，我会给出一个可靠、符合常理的依据，解释为什么本书所讲的代谢力量训练对于练就你想要的既苗条又强健的体格来说是一个更安全、更令人愉快和更有效的训练选择。

尽管任何类型的身体活动都能够带来积极的健康益处，但减脂角度的稳态有氧训练却经常被人误解和夸大，尤其是研究已经表明，对于迅速降低身体脂肪来说，有氧活动是锻炼的最理想模式——比抗阻训练还要好。现在，这些结论只解

训练强度比训练时间更重要

正如我之前所说，训练时间与增加代谢效果有很大的关系。但是，训练更长的时间并不总意味着你将会获得更好的效果。事实上，更可能的情况是，你之所以能够坚持更长的时间，是因为你整体的运动强度很低，因此能够使你坚持更久。即使在耐力运动中，比如铁人三项和马拉松，也不是看谁坚持的时间最久，而是谁最早完成比赛。换句话说，是看谁拥有最大的力量耐力。知道了这一事实，你应该坚持尝试把训练完成好，以此在训练中取得进步，而不是为坚持更长时间而坚持更长时间。

当你给训练计划增加动作或者动作的重复次数时，训练时间会变长，这没有关系。但是，你不可能一直增加。你也可以通过尝试用比之前更短的时间来完成同样的训练，也就是通过提升训练强度来取得进步（使你的训练更具挑战性）。或者，你也可以尝试用与之前相同的训练时间完成更多的练习（某个训练中的动作和重复次数，或者是推举的重量），这样也能增加强度。正如所讲过的，比之前稍稍增加一些重复次数，训练的时间久一些，并没有什么不对；但是，单纯依靠这种方法来进步是不切实际的，而且可能导致过度锻炼的损伤。

别忘了，白天你可以锻炼的时间非常有限。我们的目标是，在这有限的时间里做足够的训练，使你的训练效果最佳。

决了一般的训练难题，因为你想要的不仅仅是一个苗条的体形，你想要的是一个苗条、强健、运动员式的体格。那么，为了得到“强健、运动员式”的身体，你得进行抗阻训练，这就是为什么这类问题的研究者也经常宣称增加肌肉需要包含抗阻训练的项目。

为了理解为什么“如果你想要燃烧脂肪，就要做有氧运动”之类的常见观点并不是非常准确，你必须首先对稳态有氧训练是什么有一个清晰的认识。一旦认清了，你就能更好地知道稳态有氧训练可以为你做什么以及不能为你做什么。

你可能已经听说过有氧训练和无氧训练这些术语。

有氧运动 = 有氧训练

代谢力量训练 = 无氧训练

有氧和无氧训练的主要区别就是强度。这里有一个现实生活中的例子可以说明这个概念。假如你和一位朋友一同慢跑。当你们慢跑时，你们也在聊天。如果你能够正常地说话，字与字之间不会急促喘息，你就处于有氧状态。然而，如果你们都决定提高速度，开始快速跑或冲刺，你们虽仍可以聊天，但是如果不喘气就无法说出完整的语句，就说明你们现在处于无氧状态。这个例子就叫作“说话测试”。简单，但却是一个能够判断有氧、无氧状态的合理方法。

当你处于无氧状态时，你的身体只消耗糖原，也就是消耗碳水化合物后你身体产生的物质。糖原主要是在肝脏和肌肉中合成和储藏。而且，糖原是你身体首选的能量来源。但是，当你处于有氧状态时，你的身体有许多可以选择的能量，包括来自糖原、脂肪和肌肉组织的能量。

所有这些信息把我们带回到那个问题，有氧（即稳态有氧）训练只使用来自脂肪的能量吗？答案是：不！当然，稳态有氧训练能够燃烧脂肪，但是身体可能使用首选的能量来源——糖原。而且也可能燃烧肌肉组织中的能量，这就是为什么耐力运动员很少有很多肌肉块儿。现在，了解了生理学知识后，就很容易明白，从整体上讲有氧训练是如何比抗阻训练燃烧更多的热量了。但是，事实是：这仍然不意味着有氧训练能够解决长期减脂的问题。

所以，如果你想要快速减脂，我肯定会说，每周做一些 20~30 分钟的有氧运动是使你快速达成愿望的好办法。认为做一些有氧训练，持续 4~6 周时间，就能把你变成一个瘦瘦的、肌肉量低的耐力运动员，是不切实际的，尤其是如果你正在使用有氧训练来补充训练计划，而该训练计划又像本书一样强调力量训练练习概念。但是，这确实意味着没有必要失去理智，陷入错误的观念，认为做越多的有氧训练就能减掉越多的脂肪，尤其是基于规律性的、长期的锻炼。实际上，做更多的有氧训练（配合少量或不配合力量训练）很可能会导致肌肉减少，这对于力量、运动表现或者身材来说，并不是好状态。

力量训练被认为是无氧训练，是因为它的强度高且只消耗糖原的能量。说到这里，还记得之前解释过的边跑边聊天，跑得越快你就会越缺氧吗？好，无氧训练很棒的一点就是，它也能给你有氧训练的好处。

想想梯子：你爬得越高，训练的强度就越大。换句话说，梯子的底部代表了有氧训练，而梯子的上部代表了更高强度的无氧训练。

当爬梯子时，首先爬过了低档（即有氧训练），才能爬到更高的档（即无氧训练）。除此之外，当你从梯子的高处爬下来时（即恢复），你回归到一个有氧状态。因此，在无氧训练时间段（即代谢力量训练的每组动作）的开始和结束，你都可以达到有氧训练的效果。但是，如果你只做有氧训练（即停留在梯子的底端），你将永远得不到无氧训练所带来的特殊的代谢和健康益处。

当你在不同训练组合之间停下来（即休息）时，无氧爆发的时间间隔，例如冲刺或者举重的时间间隔，会创造一种有氧的效果。而高强度的训练，例如代谢力量训练的 3C 训练，经证明可以在训练结束后的 72 小时内，由于运动后过量氧耗（EPOC）的效应而加速新陈代谢。相反，还没有研究表明稳态有氧训练燃脂后的锻炼可以创造与 EPOC 几乎一样的效果。

完成每一种 3C 训练都需要进行 60 秒到几分钟的持续力量基础运动。这可是几分钟的高强度、全身运动。最重要的是，代谢力量训练计划基于科学建立的减脂原则，与传统训练方法相比，能够使你在相同的训练时间里获得更好的减脂效果。

什么使代谢力量训练如此有益

人类身体对施加给它的要求有惊人的适应能力。正如亚里士多德所说，我们反复做的事情造就了我们。之前我们讲过，能量效率变低（与你的汽车相反）将如何帮助你更快地燃烧脂肪。当你进行大量的长距离、慢速有氧训练时，你其实在教你的身体更擅长什么呢？你在教你的身体变得能量效率高，因为它知道应该尽量保持能量以坚持长时间的运动。换句话说，由于人类的身体具有适应特性，做大量的稳态有氧训练，定期增加距离，迫使你的身体变得能够更好地储存能量（即糖原）。这意味着，当你训练得更好时，你燃烧的能量将越来越少。如果你的训练是为了成为一个长跑运动员，这是很棒的事情，但是当你的目标是最大限度地减少脂肪时，这就成为一个问题。

代谢力量训练和传统力量训练

如果你是一个运动员，想要提高你的锻炼效果，即提高身体在进行无氧运动时抵抗疲劳的能力，那么本书中的训练理念和训练计划，尤其是组合训练和复合训练，正合你的需要，帮助你坚持到比赛的最后一分钟，完成比赛。你要知道，传统的力量和爆发力训练方法有利于提高你的力量峰值和爆发力，但是对于提高你的力量耐力（即在更长的时间里产生同等水平的力），也就是提高耐力从而能承受更长时间的竞赛，就不是那么有利了。换句话说，许多低重复、高负重的训练方法帮助你在短时间爆发时达到力量峰值，但是它们并不能让你准备好打 5 个回合，或者在第四节比赛结束时轻松击败你的对手。

然而，代谢力量训练，例如这本书介绍的复合和循环训练，确实能够帮助你提高力量耐力，因为它们要求你进行长时间的大量训练，而这正是力量耐力。并且，训练专一性的原理告诉我们，训练适应仅仅与训练对我们身体提出的要求相对应。

代谢力量训练和传统有氧训练

人们为什么会错误地认为从长远看稳态有氧训练能够解决减脂问题？其中一个原因，就是慢跑与骑行这两个最常见的有氧训练方法的副作用。这些训练形式都是练习的有效方法，也是使你到外面活动活动的好方式。但是，规律地跑步或者骑行有一些重要的缺陷。比如，慢跑和跑步（慢跑距离更短，步幅更小）对你的关节冲击很大，因为跑步时每跑一步，都有自身体重 2~3 倍的冲击力。这种冲击力来源于脚触碰地面时速度的突然降低。并且，在 30 分钟的跑步中，通常情况下跑者将会受到5000次的冲击。所以，所有这些冲击力累积起来，很可能是导致运动损伤的根本。冲击力和随后的冲力波已经被确认是导致受伤的潜在因素，像应力性骨折、胫腓骨疲劳性骨膜炎、软骨破裂、腰痛和骨关节炎都与这些巨大的力量和之后的冲力波有关系。

还有，我们大多数人白天坐的时间太久。工作时，我们大部分都是坐在办公桌前，在家时我们坐着玩计算机、看电视。坐着（尤其是久坐）对于功能能力（即我们的行动能力和运动能力）不是好事情，这已经不是什么秘密了。但是，体育活动有助于我们变瘦，增加力量并提升运动表现。尽管骑行是体育活动，但是它需要你弯腰伏在自行车上、长时间保持坐姿来完成。所以，你不仅在工作和家里坐了一整天，当你锻炼时又是坐着！而且，骑行使你的身体变得更善于骑行，但它并不能太多地加强你做日常活动的肌肉的力量。

这些信息并不是要劝说你放弃跑步或骑行，尤其是如果你喜欢这些运动，只是为了告诉你它们的缺陷和风险。而本书中的训练项目，使用的是代谢力量训练的3C训练方法，它在提供惊人的代谢训练效果的同时，几乎不会给你的关节带来像跑步或者慢跑那样的不利影响。此外，这些训练计划通过更运动化的姿势和更具动态性的动作锻炼肌肉；这些训练计划还能抵抗久坐带来的副作用。

如果你确实想要做传统的有氧活动，我的建议是，在不进行代谢力量训练项目的时候来做。比如，你可以在上午做一种训练，下午做另外一种。如果你在进行短期的有氧运动来快速减掉一些脂肪，或者就是为了娱乐消遣，这个策略尤其有效。如果在你同一天中无法训练两次，或是更喜欢在一次训练中就做完所有的项目，你可以在力量训练结束时增加有氧运动。这是因为，与代谢力量训练相比，有氧运动强度低，也没有那么复杂。但是不要先做有氧运动，因为以半疲惫的状态进入高强度的代谢力量训练会影响你的表现。

在接下来的章节中，你将学习到代谢力量训练理念，它比传统的有氧训练更加可靠、有效。而且，与长时间用一种速度进行同一种运动相比，这些理念更加有意思，没那么无聊。

正如在这一章一开始就说的，任何健身计划想要成功，就必须辅以好的营养。你知道，在你的车中放的燃料质量越高，汽车就越“健康”，性能也就越好。不幸的是，频繁变化的饮食潮流和复杂、往往又是限制性的饮食计划经常对我们狂轰乱炸。这一过程原本不比给你的汽车补充高质量燃料复杂很多，然而它们令很多人感到沮丧和困惑。

第三章
减脂的营养策略

我们得面对这一事实：不管你的训练计划有多好，你吃什么、如何吃，都能影响计划的成败。俗话说，尽管你可以改善你的健康，但当说到减脂时，你不能有糟糕的饮食。在这一章，我要分享一些易理解、易操作的营养策略，保证你吃的每一顿饭都将帮助你加速新陈代谢，更有效地燃烧脂肪、锻炼肌肉，提高你的整体健康水平。

知识就是力量。而运用知识就是运用力量！我不希望你听从本书的建议仅仅是因为尼克教练是这样说的。我想帮助你成为明智的消费者。这一章就是要用一个坚实的理论基础武装你，不仅让你明白吃什么，还要让你知道为什么吃。我还想让你知道，这本书中关于营养的信息，全部基于人类身体运作方式的原则，且这些原则已得到证明，而不是基于任何观点、饮食风潮或是未经证实的说法。

身体是如何消化食物的

和进行锻炼一样，身体如何消化食物也是有一些一般原则的。下面让我们来看看。

新陈代谢

新陈代谢是你的身体通过消耗食物燃烧能量的过程。尽管受限于我们的基因组成，但我们对自身新陈代谢的速度还是有一定掌控力的。除了年龄、性别以外，以下这 3 个因素能够调节代谢速度。

1. 活动水平——指的是你锻炼身体的强度和频率。
2. 甲状腺功能——人体是一个热量机器，而甲状腺调节身体温度。因此，甲状腺功能影响你的新陈代谢速度。所以那些被诊断有甲状腺功能减退的人，

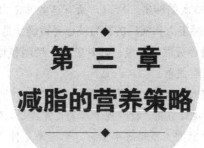

新陈代谢的功能会减弱。值得高兴的是，医生开的药物可以使甲状腺功能恢复正常，这个问题可以得到解决。

3. 身体构成——指的是你的体重是由什么构成的，包括肌肉、脂肪、水等。你显然想要一个强健的体格，因为我们在前一章已经说明，你拥有的肌肉越多，24 小时内燃烧的热量就越多，即使睡眠中也是如此！

正如你看到的，刚刚所讲的 3 个因素中，有 2 个我们是可以直接控制的。如果我们执行本书中有效的代谢力量训练计划，提高运动水平，改善身体构成，并辅以接下来的营养策略，我们就能够控制自身的新陈代谢速度，并在各自遗传潜力允许的范围内最大限度地加快新陈代谢。

个体性

除了上一节列举的 3 个新陈代谢因素，还存在一些具体的特质能够影响你训练计划和饮食选择的微小变量。我把这一点称为你的个体性。个体性把你和其他人区别开来。下面列举了一些这样的变量：

新陈代谢

遗传

生活方式

压力水平

职业（运动的时候多还是久坐的时候多）

食物偏好（你喜欢吃什么）

锻炼偏好

尽管我们都存在一些细微的差异，但是我们身体的构成物质是相同的，而且我们的身体几乎以同样的方式运作，因此本书的理念对每个人都是适用的。这里阐释的微小变量，是你个体性的某些方面。其中有一些会随着你对自己的持续发现而更多地显现出来。别忘了，要说到对你自身偏好的认知，你可是这个世界上一流的专家呢！

节食的真相

说到减脂时，很多朋友会进行某种形式的节食。尽管节食的方法似乎多得数不清，但大多数节食可以归为以下这 4 种：

1. 减少热量；
2. 减少脂肪；
3. 减少碳水化合物；
4. 减少某类食物。

限制热量的饮食

每个人都知道热量这个词，很多人甚至知道他们每天消耗多少热量。而你可以成为他们当中的一位！

首先，我们来说说热量是什么。你知道吗，我总是感到很吃惊，很多谈论他们吃进多少热量的人，其实并不知道热量到底是什么。卡路里是一个能量单位，它等于将 1 克水的温度提高 1 摄氏度所需要的热量。简而言之，我们的身体本质上是一个热量机器，所以就有了这个短语——燃烧热量。

现在，在进一步深入之前，我想说明的是，决定你是否能减少脂肪的唯一最重要因素是你每天摄入的热量与你每天燃烧的热量之间的关系。要减脂就得处于热量逆差的状态，这个理念，既不是个人见解，也不是所谓的饮食专家讨论出来的，这是热力学第一定律，即能量既不能被创造也不能被毁灭（能量守恒），只能从一个物体转移到另一个物体。注重蛋白质、脂肪或者碳水化合物的饮食分别有哪些可能的好处？研究发现，不管强调哪种常量营养物，低脂肪的饮食都能够带来具有临床意义的减脂效果。

尽管人们对此非常认可——减脂是由你每天燃烧的脂肪比摄入的脂肪多决定的，我仍然觉得大多数人并不必纠结于计算热量。因为，如果你遵循我建议的称为“互补饮食”的方法，最后你摄入的热量会降低，而燃烧的热量会增加，而且根本不必计算热量。你知道的，计算热量可是个令人头痛的事儿。接下来，我将会在本章中介绍互补饮食法。

我不太热衷计算热量，主要是因为一个简单的事实——并不是所有的热量都是同等的，有些热量比其他的要更富营养。我们之前都听说过“空热量”这个词。

这里有一个例子能够说明为什么成功减脂并不仅仅是和你消耗多少热量有关。假设，我们让两位体形相当、健康水平相当的女性进行同一个训练计划。她们每天可以摄取 2000 热量。A 的热量来源于瘦肉、鱼、新鲜水果和蔬菜、甘薯和米饭。B 的热量来源于糖果、冰淇淋和快餐。6 周之后，你觉得谁会看起来更好、运动表现更好、感觉更好呢？很显然，是 A。因为她消耗的热量更富营养，所以对她的能量、体力、消化等贡献更多。如果她们每天燃烧的热量都比摄入的要多，那么两个人的体重都很可能减少。但是 A 可能减脂更快，保持的肌肉更多，整体健康状况更好。这是因为她的燃料（食物）使她的胰岛素水平更加均衡，供给她活动的能力更大。让我们正视吧，你不必成为营养专家就能预测到，就算这两个人进行同样的训练、摄入同样数量的热量，几乎可以肯定她们最后的结果也不会一样。你能理解这一点是因为，一个人可能吃得很好，但营养仍然不好，这是很容易理解的。

这就是为什么谈到热量，我的方法是首先强调你吃的食物的质量（即营养密度），其次才是食物的数量（即能量），然后看看这样能让你得到什么结果。对于大部分人来说，这意味着成功。当然，高营养密度、高质量的食物也是有可能吃得过多的，所以我会在这一章的后面来强调计算热量的重要性；这是第二个策略，你可以在阅读本章后面介绍的饮食公式后来尝试使用这个策略。因为，就像我前面隐隐提到的那样，当你关注你所消耗的热量的质量时，你最终吸收的热量总量还是会减少的，因为大部分高质量的食物（比如鸡胸脯肉、蔬菜）的热量含量更低。但是，对于那些发现减脂已经停滞或者一开始就没有看到太多脂肪降低的人，下一步就需要计算热量了。

限制脂肪的饮食

简单地说，无论什么形式的脂肪，只要饮食中含量过多，都会带来过多的热量。但是，从饮食中将所有的脂肪简单地剔除，也不是一个好主意。记着，1 克脂肪等于 9 卡路里，而 1 克蛋白质或碳水化合物只等于 4 卡路里。因此，如果你现在的饮食中有 30%（或者更多）是脂肪，你决定简单地把它们全部剔除，你就是把热量整体摄入中的一个重要部分消除了。如果你把你的热量摄入量降得过低，你将会大大减慢你的新陈代谢，而且你的身体会消耗你的肌肉组织来获取能量，因为能量不再是从你吃的食物中获得了。事实上，绝大多数的研究都已经发现，你的热量赤字越大，你失去的肌肉也就越多。

当你的身体开始消耗肌肉组织来获取能量时，就叫作分解代谢状态。这并不妙，因为正如我们讨论过的，肌肉不仅是代谢活跃的组织——燃烧脂肪的地方，肌肉还能给你运动员般的体格，让你保持强壮。

此外，我们都清楚当我们没有吃够、变得营养不良时感觉多么糟糕，注意力集中在一个简单的谈话上都变得困难，工作表现大大变差，在健身房训练或在体育比赛中的表现也会大不如前。

限制碳水化合物的饮食

在本章后面介绍的营养饮食公式中，我给出了一些关于最大限度减少碳水化合物摄入来使减脂的效果最大化的建议。也就是说，控制碳水化合物的摄入和将其全部戒除是两个完全不同的事情。

为了更好地理解为什么简单地戒除碳水化合物不是减脂的办法，你必须了解一些关于碳水化合物的基本事实。

- 人类身体是由葡萄糖提供能量的。所有的食物都必须先转化为葡萄糖，才能被用作“燃料”。
- 碳水化合物比蛋白质或脂肪更容易转化为葡萄糖，是身体首选的能量来源，是大脑能量的重要来源。
- 葡萄糖以糖原的形式储存在血液、肌肉和肝脏中。
- 1 克糖原可以结合约 3 克水。

难怪不吃碳水化合物的人能够非常快地减轻体重——糖原可以储存比自身重

2 倍多的水。因此，他们失去的很可能是水的重量。所以只使用体重秤来衡量你的进步是个坏想法：体重秤不知道肌肉重量、水的重量等之间的区别。换句话说，有重量损失，也有脂肪损失。当人们说他们想减肥时，他们指的是他们想减掉脂肪。

白天燃烧糖原的时候，吃碳水化合物就能补充你的“油箱”。如果你突然停止给它“加油”，你的身体仍然需要一个燃料来源供给大脑。所以，你的身体就会通过分解肌肉组织，将它用作能量来制造自己的糖原。这又是一个分解状态，但可不是什么好事儿！

禁止某种食物的饮食

每种风靡一时的饮食法，总会有一些要禁止的食物。在这些饮食方法中，要禁止的并不是某种类型的营养物质（脂肪、碳水化合物等），而是某种特定类型的食品。许多这样的饮食法，把只有一小部分人会过敏的食物，像含有麸质、乳制品的食物拿出来，建议每个人都不要吃。这不仅在科学上不合理，而且就像告诉人们：既然有些人对狗过敏，那么谁都不可以养狗。其他饮食法，要求你放弃一大堆常见食品，称这些食品会导致身体不适、引发疾病。有意思的是，哪些食物会引起疾病，哪些食物能预防疾病，这些饮食法提出的观点常常是矛盾的。

换句话说，在某个神奇的、可以包治百病的饮食菜单中被禁止的一些食品，在另一份不同的菜单上则被强调是“有益的”。如果仅靠这一点不足以说明为什么那些“包治百病”类型的饮食法更多的是建立在优秀的营销上，而不是良好的科学之上，那么请记住，每过几年，好像就会有一个新的“包治百病”的饮食法声称自己比上一个更好。难怪这些饮食法似乎从来没有在合法的医学和科学团体中得到任何信誉。让我们承认这一点吧，如果这些饮食法像广告所称的那样起作用，那么提出者早已经获得诺贝尔奖，而他们的方法早已成为医学和营养学中的标准了。

实际上，这些禁止型的饮食所做的一切，就是采取极端的方式解决问题，而这些问题是可以通过之前好的调节法解决的。简而言之，除非经过真正的医生诊断你确实有食物过敏，否则是没有必要从你的饮食中完全剔除任何一类食物或是某种食物成分的。你只需在摄入那些不太健康的食品时做到适量即可。对于这一点，如果有特殊情况的话，那么就是可以从部分氢化油里排除反式脂肪，因为食物中即使有少量的反式脂肪也会损坏健康。在每天所获取的热量中，每有 2% 来自反式脂肪，患冠心病的危险就会增加 23%。

不节食的饮食

说到底，长期的解决方案不是简单地从你的饮食中剔除某种食物，而是用你身体可以使用的、更好的热量食品代替你现在吃的东西。这就是我所说的互补饮食。互补饮食是简单、可操作、有实效的饮食策略，你可以使用它来确保每一顿饭都能帮助你更有效地燃烧脂肪，锻炼肌肉，提高你的整体健康水平。

什么是互补饮食

互补饮食由 4 种成分构成：

1. 蛋白质（鸡蛋、鸡肉、鱼肉、牛肉等）；
2. 纤维类碳水化合物（水果和蔬菜）；
3. 淀粉类碳水化合物（甘薯、米饭、燕麦等）；
4. 脂肪（鳄梨、坚果、橄榄油等）。

我们把这个饮食策略叫作互补饮食，因为餐中的每一种成分相互补充，可使营养功效最大化。

· 蛋白质构建肌肉块儿。

· 淀粉类碳水化合物是大量能量的来源。

· 纤维碳水化合物在全身移动并提供能量。

· 脂肪减少炎症，改善关节和提升心脏健康，有益于疾病预防和认知功能。

除此之外，互补饮食能够帮助你多摄入当地新鲜的水果蔬菜和高质量的肉类、蛋类、鱼，同时限制加工食品、单糖、氢化油和酒精的摄入。在你减脂的时候，喝杯葡萄酒或来杯啤酒并没有什么问题。只是要清楚酒里面是含有糖分的。

根据互补饮食的理念，表 3.1 列举了推荐的食品。这个清单没有列全，只是想强调一些所选择的食品。

按照互补饮食的方法，每天尝试进餐 3 ～ 4 次。至于每一餐的量，每个人都有所不同，应该根据你的感觉和当天你的身体所需的能量来决定。一般来说，可以用以下方法分配。

· 蛋白质和富含纤维的蔬菜在盘中的比例应该最大。

· 淀粉类碳水化合物和水果的比例应该比蛋白质和蔬菜小。

· 健康脂肪在盘中的比例应该最小。

如果餐后一小时左右就感到饿了的话，你可能吃得不够多。相反，如果餐后几个小时仍然觉得饱，你可能吃得太多了。这就得取决于常识、直觉，根据你自己的身体情况决定即可。另外，一天进餐 5 ～ 6 次对于大多数人来说并不实际，且研究也不支持这种饮食习惯。研究表明，每天吃 6 顿饭的人比每天吃 3 顿饭的人血糖要高很多。这就意味着，一天中少吃几顿饭可以更有效地降低你身体的血糖水平，创造一个更有利于减脂的生理环境。

互补饮食法是如何发挥作用的

正如前面讨论过的，卡路里测量的是热量，而你的身体是一台热量机器。“食物热效应”（TEF）这个术语就是用来描述我们身体为了摄入（咬、咀嚼和吞咽）和处理（消化、转移、新陈代谢和存储）食物所消耗的能量。换句话说，有些食物要求我们在吃的时候比吃其他食物时消耗更多的热量。一般可以做以下这样的细分。

表 3.1　推荐的互补饮食食品

蛋白质	淀粉类碳水化合物
鸡胸肉	糙米或精米
火鸡肉（里脊肉、胸脯肉或绞碎的白色瘦肉）	香米
鲑鱼	燕麦
罗非鱼	燕麦麸
大比目鱼	藜麦
长寿鱼	奇亚（放在奶昔中）
虾	甘薯
野牛肉	黑豆
瘦的碎牛肉	米饼
瘦的白肉块	
蛋类	
猪肉	
调味品	
芥末	
辣椒酱	
脂肪	**水果**
橄榄油	杏
松露油	黑莓
鱼油	无花果
花生酱（天然）或杏仁奶油	葡萄柚
鳄梨	橙子
杏仁和其他坚果	木瓜
蔬菜	桃
西蓝花	李子
菠菜	覆盆子
芦笋	草莓
甜椒	蓝莓
西葫芦	番茄
绿豆	
洋葱	
黄瓜	

· 脂肪是易消化的。你的身体轻而易举地不断分解脂肪分子，使之变得越来

血糖指数

现在我们大多数人已经熟悉血糖指数了。血糖指数最初就是用来快速便捷地测定当你吃了各种含有碳水化合物的食物后血液中葡萄糖上升的速度。

我们很多人都被告知，应该吃血糖指数更低的食物。但可能从来没有人告诉你，只有当你吃的食物是独立消化时血糖指数才能适用。换句话说，如果你吃水果，比如蓝莓，仅通过蓝莓就可以提升你的胰岛素生成量。然而，如果你吃蓝莓的同时还吃了一些农夫奶酪，你的胰岛素生成量可能就不会提升得那么多，因为农夫奶酪里存在蛋白质。因此，如果你要吃水果的话，可搭配一些蛋白质。单独消化淀粉类蛋白质的话，也会引起胰岛素飙升。所以吃互补的食物，也就是本章前面所讲的那些食物，非常重要。

越小，而且不需要费多少工夫。消化脂肪的能量比率是 100 ： 5，也就是说你每从脂肪里摄入 100 卡路里，在消化它的过程中就需要燃烧大约 5 卡路里。

- 复杂碳水化合物需要花费更多的时间来消化，这是因为葡萄糖分子多。消化复杂碳水化合物的能量比率是 100 ： 10，也就是说你从复杂碳水化合物里每摄入 100 卡路里，在消化它的过程中需要燃烧大约 10 卡路里。
- 消化蛋白质需要超过 25 卡路里的能量，因为蛋白质由 20 种不同的氨基酸构成，其中最重要的 9 种氨基酸都是由食物提供的。消化蛋白质的能量比率是 100 ： 25，也就是说你每从蛋白质里摄入 100 卡路里，在消化它的过程中需要燃烧大约 25 卡路里。

基于食物热效应，如果你吃的食物中大部分是相互补充的，那么很容易看到，最终你摄入的热量会变少，燃烧的热量会增多。而且，没有不切实际的节食，也没有必要额外计算热量了！

正如前面所讲的，减脂最终要看热量的摄入与消耗（即热力学第一定律）。而既然 1 磅脂肪可提供大约 3500 卡路里，为了一周减掉 1 磅脂肪，你每天需要约 500 卡路里的热量逆差。

现在，有两种办法可以制造热量逆差。你既可以少摄入一些热量，也可以摄入相同的数量，以提高你的运动水平来燃烧更多的热量。在那些有氧训练和举重训练的短期对比研究中，有氧训练的减脂效果比举重训练更快，有氧训练比举重训练燃烧更多的热量是另一个原因。然而，与其花额外的时间进行有氧训练燃烧（比如说）300 卡路里，不如轻松地从每天的饮食中减掉 300 卡路里，最终取得相同的结果，还不必烦恼与有氧训练有关的所有可能的副作用和带来的令人厌倦的问题，这些前一章中已经提到。这也是为什么减脂体系的力量训练中并不强调有氧训练的另一个原因，因为在多数情况下，你消除了进行有氧训练的必要性（从减脂的角度讲），你只需少摄入一些热量来制造热量逆差。

正如我在本章前面所说的，当你开始将互补饮食策略融入你的常规生活方式时，我不建议马上计算热量，因为仅靠使用这个策略，你就能减少热量的摄入并燃烧更多的热量了。但是，如果你正处于这样的状态——虽然你正在使用互补饮食策略，但是每周却减不了1磅左右的脂肪，那么我会说，应当开始计算你的热量了，以确保你处于减脂所需要的热量逆差。

值得一提的是，正如减脂需要热量逆差，增肌则是需要热量顺差的。因此说减脂的时候无法增肌是合乎情理的。然而，请记住，储存的脂肪就是储存的能量。所以，那些储存的脂肪热量是可以供身体用作能量提供给增肌过程的。是的，你的身体不能把脂肪变成肌肉，反之亦然。脂肪就是脂肪，肌肉就是肌肉。但是，如果你超重了，当能量不是来自额外的食物摄入时，你的身体可以使用储存的能量（即储存的脂肪就是热量顺差）来供给增肌过程。这仍然符合热力学第一定律。

然而，如果你已经相当瘦了，巨大的热量逆差一般将使你损失一些肌肉，即使你在进行力量训练且摄入的蛋白质也足够。所以，每个人的目标是确保饮食中包含大量的蛋白质，而且你正在按照我在本书中指导的那样进行力量训练，尤其是当你没有超重而只是想减掉多余的那一点儿脂肪的时候。如果你是这样做的，如果有肌肉损失的话，你也只是将把肌肉损失控制在一个非常小的程度。

营养补剂的真相

关于营养补剂，即使健身专业人士也经常有歪曲的观点。简单来讲，吃补剂应当是用以补充其他食物的；它们本身不是食物。即便如此，一旦你适应了互补饮食习惯和一个全面的训练计划，我们还是会推荐一些经科学证明可靠、有效的营养补剂，因为它们会提升你的训练表现，这将有助于加速减脂。

蛋白质

高质量的蛋白粉可以充当肉类、零食或者运动前后饮用的奶昔所提供的蛋白质部分。我们推荐100%的乳清分离蛋白粉或是酪蛋白和乳清的组合，因为研究发现，它们是最高级形式的蛋白质。如果由于某种原因，你对乳清蛋白不感兴趣，那么其他补剂，如豆子和鸡蛋，被证明也是有帮助的。

肌酸

一水肌酸是市面上研究最多的营养补剂之一。它也是被误解最多的——我们经常听到关于一水肌酸的副作用或潜在危险的说法，而其中很多并没有科研证据支持。

科学已经清楚地表明，一水肌酸对于男性和女性来讲，都是100%安全的，甚至对孩子也是一样。它不仅能有效地提升你的训练表现，给你带来更好的训练结果，而且肌酸见效快，价格低。如果你想获得更多的信息，我写了一份充分、全面的参考资料《肌酸报告》。

咖啡因

如果你和我一样喝咖啡，那么你会喜欢听到以下的研究结果：

- 不超过 400 毫克的咖啡因可增加肌肉力量和耐力，减轻疼痛，燃烧更多的脂肪；
- 咖啡因有助于把脂肪转化为热量；
- 咖啡因确实会增加你的心率，但如果你很健康，没有血糖和心脏问题的话，是没有关系的；
- 咖啡因不会使你脱水；
- 如果你还不是一个经常喝咖啡的人，每天训练前摄入 100 毫克的咖啡因会对你有帮助。你使用的咖啡因越多，越需要更高的用量来产生效果。

85–15 规则

谈到减脂的吃法，不能不讨论 85–15 规则。我们都有自己喜欢吃的高脂肪、高热量的食物。而且，如果你不想被逼疯，使你的饮食可控，那么每隔一段时间你绝对得吃吃你喜爱的那些不那么健康的食物。我的建议是，遵循 85–15 规则。也就是说，如果 85% 的时间你是按照本章介绍的方式来吃，那么 15% 的时间你可以想吃什么就吃什么。在现实生活中，大概就是每 7 顿饭中可以有一顿这样吃。如果你每天吃 4 顿饭，那么就是每隔一天可以有一顿。这就是适度，而且这样你就可以不必节食了！

如果你正在为健美秀场或是体育比赛进行密集的训练，在短短的准备阶段，你可能需要遵守比 85–15 更严格的规则。但是在大多数情况下，人生苦短，不能总是因为不能吃自己喜爱的食物而感到压抑和不开心。

我建议你这样好好利用营养补剂——把它们作为你训练前的营养的一部分，来保证你能从每一种补剂和每一次的训练中收获最大。训练前的 30~60 分钟内，吃下面的东西：

- 100~400 毫克咖啡因（来源包括咖啡或营养补剂）；
- 20 克可快速消化的蛋白质，例如乳清；
- 20~40 克需要慢慢消化的碳水化合物，例如浆果（可选）；
- 5 克一水肌酸。

当然，市面上有大量的营养补剂，但是像流行的饮食法一样，很多是基于好的营销策略，而毫无科学根据。因此，我谨慎地支持经过大量研究证明有效的营养补剂，就像我在上面列出的那些。而且，在你考虑是否要花费辛苦挣来的钱买其他补剂之前，得先做点功课，查看一下关于这些补剂的研究资料。

在结束本章之前，有一点很重要，需要在此提及一下。尽管本书的标题是《力量训练减脂全书（修订版）》，但书中所有的练习原则和项目对于提高你的训练能力（即身体素质）也非常有益。通常，减脂训练与代谢调节训练几乎没有差异。它们的本质都是高强度的，并且要求全身进行长时间的运动，本书提供给你的就是这样的训练计划。唯一将调节训练计划和减脂计划区别开来的就是饮食。不采取任何特殊的限制热量的节食方法，你肯定也可以提升你的训练能力。但是为了减少体脂，需要做一些饮食调整，并坚持执行（即85–15规则），例如本章提供的那些营养建议。

最后，至于今后的进展如何，就取决于你了。没有人是完美的，在工作、旅行和家庭责任中，生活抛给我们的状况也不是完美的。我不期望你吃的每一顿饭都完美，而且你也不应该这样期望！试着使用本章介绍的那些简单的饮食策略，尽你最大的努力，做到比之前更好，并用这些知识武装自己，看穿各种信息广告、矛盾信息、流行饮食法和令人困惑的行业术语制造的混乱。当书架上的营养图书有500页厚，所提供的饮食知识却没有我刚刚在这一章介绍的更实际时，即使是健身专业人士也会对吃什么产生困惑。

第四章
循环训练

循环训练是一个经典的代谢力量训练概念，包含大量的练习，使用的训练器械也多种多样，从自由重量练习到器械健身，还包括自重训练。循环训练要反反复复进行，几乎没有休息。 循环训练也构成了本书中训练项目的基础。这一章讨论的是一种我们称为“大循环”的训练方式。

大循环训练

大循环是包含3~5个不同练习的更大的训练组合（即使用大量肌肉，而不是单独某个肌肉的练习）。这几个练习需要依次进行，而且使用更大的负重。在循环训练中，上肢练习和下肢练习交替进行，这样可以保证每一个肌肉群都能最大限度地得到恢复，确保你能够保持最大的训练强度，对每个练习和每个循环的控制达到最优。这非常重要，因为让代谢成本在这些大循环训练中最大化的关键就是持续进行高强度训练。等到你回到同一个肌肉群的训练，进行下一个循环时，几分钟已经过去了，留给这些肌肉足够的时间来完全恢复，为每一组动作达到最大强度做好准备。

除了以交替的方式依次进行上肢练习和下肢练习，在循环训练方法中还使用了以下这些循环训练形式。

- 左右循环训练：正如名称所示，这个训练把身体分为左右两部分，首先在身体左侧做完规定的动作次数，然后换右侧做相同的动作和次数。这个动作做完后，再进入此循环中的下一个动作，练习的方式与上面相同。
- 单侧循环训练：这个循环训练也把单侧的练习动作组合在一起。但是，与左右循环练习不同的是，在单侧训练中，首先在身体一侧完成循环中所有的动作和次数，再换身体的另一侧进行。换另一侧前，可以短时间地休息。

单侧力量练习的好处可不止是增加肌肉和加速新陈代谢，还有两个特殊的益处。首先，你会感觉核心肌肉活性得到提升。任何时候，身体一侧举重物、另一侧不举重物的话，它将激活核心肌肉来抵消负重的不平衡。这就是说，身体一侧的训练既是代谢训练，也是核心调节，都融入一个全面的循环中。其次，你可以消除力量的不平衡。大多数人一边比另一边的劲儿大。单侧的训练允许你每次集中训练一边，这样能够帮助你提高力量弱的一边，锻炼出一个力量更加平衡的身体。

大循环训练的构成如下。

三级大循环训练

如果你刚开始健身，三级大循环训练是很好的训练起点，因为它包含的练习是最少的。这样，你不会过度疲劳，而且也为你增加训练量留有空间——首先，增加这 3 个级别的练习负重，然后增加练习的级数，例如进行四级或者五级的大循环训练。三级大循环训练由以下 3 个级别构成：

1. 上肢拉力练习；
2. 下肢腿部或臀部练习；
3. 上肢推力练习。

四级大循环训练

四级大循环训练与上一个大循环概念相同，但是增加了一个下肢的练习，作为第四级练习。对于处于中级健身水平（即你已经在锻炼身体了，但是对这种代谢力量训练感到陌生）的人来说，四级大循环训练是一个很好的训练起点，因为它是有弹性的。换句话说，你不仅有空间逐渐增加这四个大循环中负重训练的重复次数，你还有进步的空间，即增加一个练习，进阶到五级循环。四级大循环训练由以下 4 个级别构成：

1. 上肢拉力练习；
2. 下肢腿部练习；
3. 上肢推力练习；
4. 下肢臀部练习。

五级大循环训练

循环训练这个概念的最后一个进阶就是五级大循环训练。在五级大循环训练中，我们增加了第五个级别，包含了一个核心练习。五级大循环训练是大循环中难度最高的，因为它包含的练习最多，因此完成每一轮循环的运动总量也最大。如果你是高级训练者——已经用类似的方法进行了一段时间的规律性训练——那么你可以直接从五级大循环训练开始。否则的话，如前面所说，在你进行四级大循环训练达到一定的健身水平后，你才可以逐渐增加难度到五级大循环。五级大循环训练由以下 5 个级别构成：

1. 上肢拉力练习；
2. 下肢腿部练习；
3. 上肢推力练习；
4. 下肢臀部练习；
5. 腹部 / 核心练习。

即使对于高级训练者和运动员来说，在训练计划（见第九章）中加入三级或者四级大循环训练也是有益的。如果你的计划包含了要求进行大量运动的代谢组合训练或是复合训练，那么通过进行三级大循环训练来减少循环训练的运动量是合乎情理的，这样能够使训练过度的风险降到最低。并且，如果你增加了循环训练的运动量（即从四级大循环进阶到五级大循环），那么建议你减少其他力量训练（复合或是组合训练）的运动量。

循环训练

以下是上肢推力、上肢拉力、下肢腿部和臀部以及腹部肌肉的自由重量练习和器械练习，可以加入前面讨论过的循环训练方式中。除了一些腹部练习，这里没有讲自重练习，因为它们被放在了自重训练的那一章（第七章）。此外，在这一章还加入了一些独立练习项目。还要注意，这些练习许多还用在了第九章“减脂训练计划”的项目中。

在某一循环训练中，你既可以限定具体的时间范围，也可以设定动作重复的次数来进行练习，如下所示：

- 每个动作 25 ～ 40 秒完成；
- 每个动作重复 6 ～ 12 次。

对于每个循环训练，你将总共做 3~5 轮。正如前面所讲，你使用哪种循环训练（三级、四级还是五级）取决于两方面的因素：你的健身水平和你健身计划中其他练习的运动量要求。建议初级训练者从三级开始，然后随着健身水平的提升，逐渐进阶到四级和五级。并且为了防止运动过量，如果你通过组合或者复合训练增加了你的运动量，那么就应该相应减少该训练计划中循环训练的运动量。

在一个既定的循环训练中，进行每一个练习时，中间尽可能少休息。为了保证在每个循环计划中持续进阶，你可以增加练习中使用的负重，延长每一级（即练习）的运动时间，或者减少循环间的休息时间。

上肢推力练习

以下是各种上肢的推力练习项目。这些动作的共同点是，拿起靠近你的东西，然后从垂直、对角线或者水平方向将它推开。

哑铃卧推

平躺在卧推凳上，双脚平放在地上，踩稳地面以保持身体稳定。双手握哑铃，举在肩上，手臂伸直（见图 a）。慢慢放下哑铃，将哑铃保持在身体外侧，直到你的肘关节呈 90 度（角度）（见图 b）。向肩部的上方推回哑铃。你也可以在倾斜约 45 度的斜凳上练习。

上斜哑铃卧推

平躺在倾斜约 45 度的卧推凳上，双脚平放在地面，踩稳地面以保持身体稳定。双手握哑铃，举在头上方，保持哑铃在肩部外侧（见图 a）。慢慢放下哑铃，保持哑铃在身体外侧，直到你的肘关节呈 90 度（见图 b)。反向运动，将哑铃向上推回。

杠铃卧推

平躺在卧推凳上，双脚平放在地上，踩稳地面以保持身体稳定。取下一个奥林匹克杠铃，抓住它并使握距比肩宽（见图a）。慢慢放下杠铃至你的胸前，保持你的肘部相对于躯干呈45度（见图b）。向胸部上方推举杠铃。

与哑铃卧推一样，你还可以在倾斜约45度的卧推凳上进行上斜杠铃卧推。

a

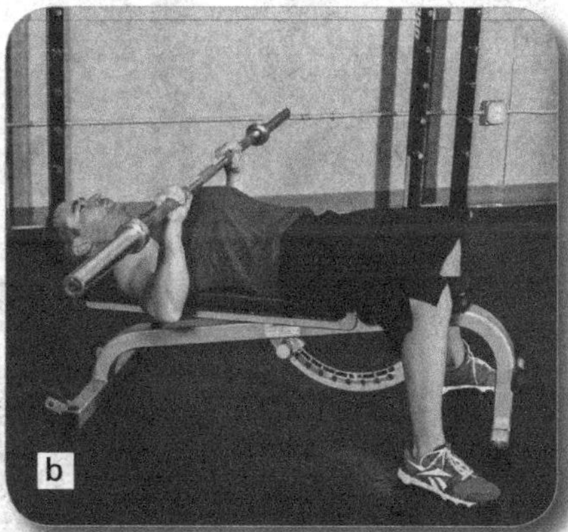
b

单臂哑铃头上推举

直立站姿，双脚分开，约与肩同宽。将哑铃置于肩部位置（见图a）。向上推哑铃，尽可能使你的躯干保持稳定（见图b）。慢慢放下哑铃，回到初始位置。

a

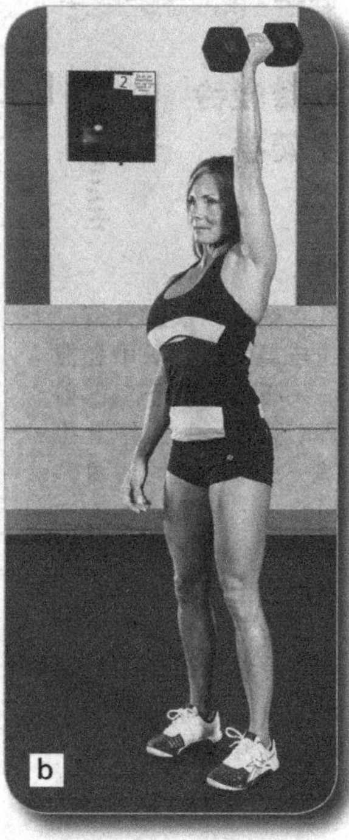
b

单臂哑铃头上屈膝推举

直立站姿，双脚分开，约与肩同宽。将哑铃置于肩部位置（见图a）。稍微弯曲膝关节（见图b），然后迅速反向运动，向哑铃发力，手臂与双腿协作，将哑铃举到头上方，同时尽可能保持躯干稳定（见图c）。慢慢放下哑铃，回到初始位置。

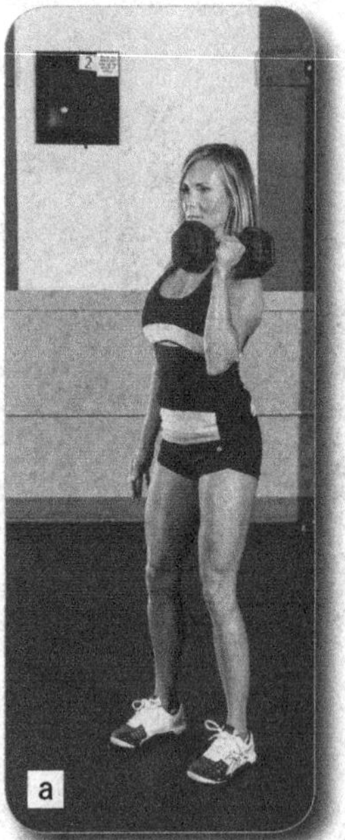

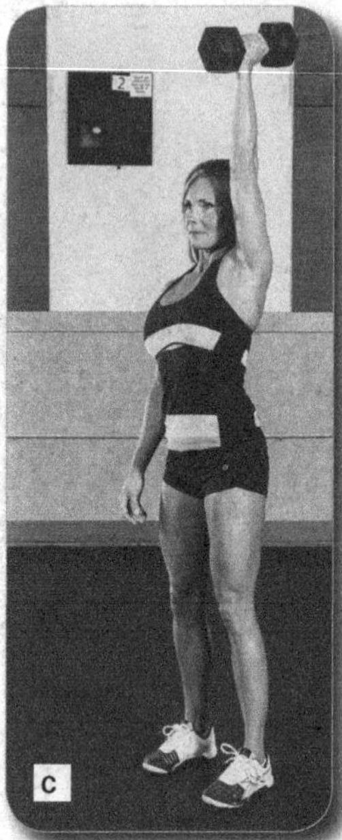

双臂哑铃上勾拳

直立站姿，双脚分开，约与肩同宽。双手各握一只哑铃，置于肩部前方（见图a）。向上推举一只哑铃，同时身体向着另一只哑铃的方向转动（见图b）。反过来进行一次，推举另一只哑铃并向相反的方向转动身体。在这个练习中，为了更好地转动臀部，转身时脚跟要离开地面。

单臂哑铃上推举

直立站姿，双脚分开，约与肩同宽。单手握哑铃，置于肩部前方（见图 a）。向上推举哑铃，同时身体向不握哑铃的一侧转动（见图 b）。在这个练习中，为了更好地转动臀部，转身时脚跟要离开地面。

斜角杠铃推举

双脚分开，两脚平行站立并与肩同宽。也可以箭步，一脚在前一脚在后站立。将杠铃的一端固定在一角，握着杠铃的另一端（见图 a）。向上推举杠铃，使杠铃离开你的身体。在此过程中不要转动肩部和臀部（见图 b）。慢慢反向运动，放下杠铃，回到初始位置。

单臂拉伸带平推

进行这个练习，你将需要一个可调节的拉力器。背对拉力器站立，抓住手柄，大约与肩同高。右手抓住这个拉力器手柄，箭步蹲，左腿在前右腿在后（见图 a）。将拉力器手柄直直地拉向你的前方（见图 b）。慢慢反向运动，让手柄回到你的身旁。在此过程中不要转动肩部和臀部。

芯棒拉力器推

进行这个练习，你将需要一个可调节的拉力器和一个芯棒。背对拉力器站立，抓住芯棒，与胸部等高，握距大于肩宽。拉力器与芯棒的右边相连，箭步蹲，左腿在前右腿在后（见图 a）。直直地拉向你的前方（见图 b）。慢慢反向运动，让芯棒回到你的身旁。在此过程中不要转动肩部和臀部。

肱三头肌哑铃仰卧臂屈伸

仰卧在卧推凳上，双手各握一只哑铃，双臂伸向肩部的上方（见图 a）。屈肘，朝额头方向收回哑铃，保持掌心相对（见图 b）。不要让哑铃碰到你的头。至肘部呈 90 度时，反向运动，伸展肘关节至几乎再次呈一条直线，完成一次动作。

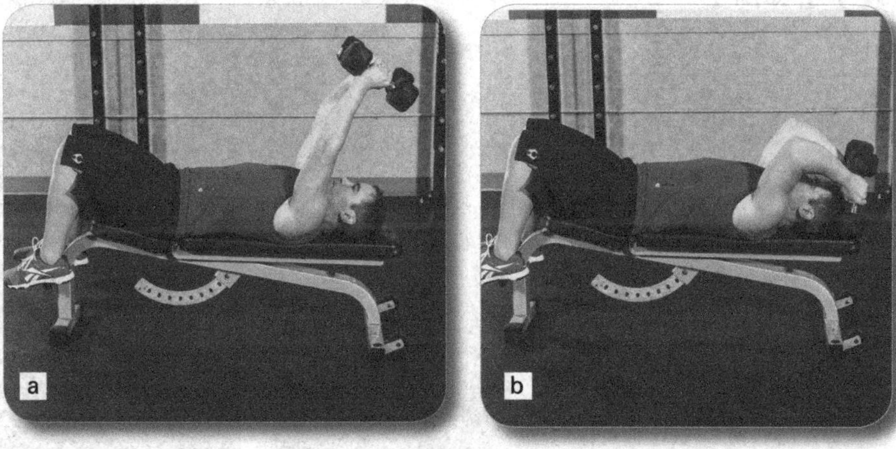

肱三头肌拉力器屈伸

进行此项练习，你将需要一个可调节的拉力器。站在拉力器前，拉力绳系的位置要高于眼睛。双手各握拉力绳的一端，双臂紧靠身体，屈肘，肘部角度小于 90 度（见图 a）。稍微屈膝，向身体这一侧伸直肘部，直至手臂呈一条直线（见图 b）。每次重复该动作，向下拉绳子时确保不要使肩膀向前晃动。

上肢拉力练习

上肢拉力练习与之前描述的上肢推力练习相反。这些练习要求你抓住远离身体的东西，从垂直、对角线或是水平方向将它拉近你的身体。

反手引体向上

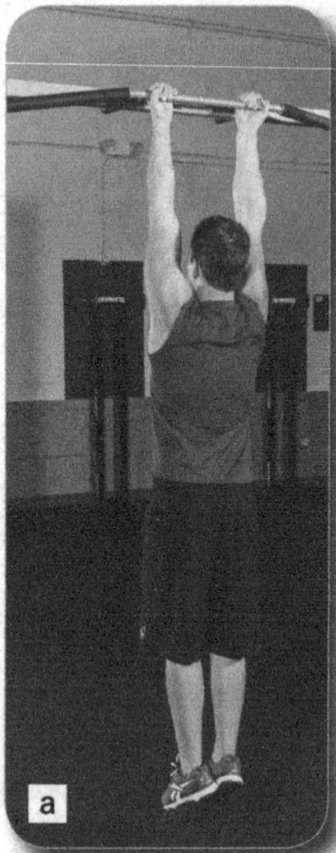

悬垂在单杠上，反手握杆(见图a)。通常，反手对大多数人来说是抓力最强的。将身体往上拉起（见图b）。控制住身体，慢慢下降。

为了增加花样，你可以做正手引体向上或者改变握宽。你既可以在直单杠上做，也可以在稍有弧度的单杠上做。还有一个很好的选择——对握引体向上，即掌心相对。做这种引体向上要求器械能够满足要求。此外，有些人做反推或是正推引体向上时会感觉肩部不舒服，但做对握引体向上时感觉会好很多。而且不管有没有肩部问题，许多人就是发现对握引体向上更好完成。尝试各种引体向上，避免那些使你感觉不舒服的类型。

拉力器下拉

坐在传统下拉杆的下方，反手握杆，迅速调整好位置（见图a）。向下拉杆至胸部上方，保持后背挺直，且肘沿直线下拉（见图b）。控制住身体，慢慢地进行反向运动。

你也可以用宽握距来增加这个练习的难度。要减少难度的话，可以把直杆换成有手柄的，这样就可以使双臂的距离大致与肩同宽，掌心相对。很多肩部有小毛病的人都觉得拉力器下拉做起来更舒服。

T 形杠划船

将杠铃的一端置于一角，两腿叉开跨立于杠铃的另一端。在杠铃片的下方安装一个用于坐姿划船或是拉力器设备的手柄。双手分别抓起杠铃片两侧的手柄（见图 a）。保持后背挺直和躯干稳定，尽量将杠铃拉向你的胸部和腹部（见图 b）。慢慢放下杠铃，直至手臂呈一条直线。练习完成后，再把杠铃放在地上。

a

b

杠铃俯身划船

双脚分开站立，大约与髋同宽。反手握杠铃，握距比肩稍宽。弯腰，臀部翘起，保持后背挺直，以使躯干与地面平行，且膝关节弯曲 15~20 度（见图 a）。向上拉起杠铃，至躯干中央，位于胸部和肚脐之间的高度。慢慢放下杠铃，完成一次动作。你也可以进行正手杠铃俯身划船练习（见图 b），许多人认为这个动作更容易。

a

b

宽握距俯身划船

双脚分开站立，大约与肩同宽。正手握杠铃，两只手均放在臀部外侧约 30 厘米处。弯腰，臀部翘起，保持后背挺直，以使躯干与地面平行，且膝关节弯曲 15~20 度（见图 a）。向上拉起杠铃，至躯干中央，位于胸部和肚脐之间的高度（见图 b）。慢慢放下杠铃至初始位置。练习完成后，再把杠铃放在地上。

a

b

单臂自由站姿哑铃划船

两腿分开，右腿在前，左腿在后。两膝稍稍弯曲。左手以对握的姿势持哑铃，让你的左手心冲着身体的右侧，而右臂紧贴身体悬垂。臀部位置固定，保持后背挺直，以使身体与地面平行（见图 a）。做划船动作，即将哑铃拉向你的身体，手臂活动时肩部和臀部不要晃动，同时将你的肩胛骨拉向脊椎，注意控制力量（见图 b）。在练习的过程中，一定要保持脊椎位置稳定，后背挺直。慢慢放下哑铃，不要碰触到地面。做完一侧的动作后，再换另一侧。

单臂哑铃卧推凳划船

做这个练习，你将需要一张传统的健身房卧推凳。面向卧推凳站立，右手扶在凳子上，左手持哑铃（见图 a）。双脚分开与髋同宽，膝盖稍微弯曲。后背挺直，与地面大致平行。做划船动作，即将哑铃拉向你的身体，使左臂肘关节大约呈 90 度。同时，将你的左臂肩胛骨拉向脊椎（见图 b）。慢慢向地面降下哑铃，至手臂伸直。在此过程中不要让哑铃触碰到地面。

单臂拉力器划船

进行此项练习，你将需要一个可调节的拉力器。直立站姿，后背挺直。双腿分开，膝关节稍微弯曲。面向拉力器，调节拉力绳的高度，使之大致与肩同高。左手以对握的方式抓手柄（即掌心向着身体的右侧）。箭步，使右腿在前，左腿在后（见图 a）。做划船动作，即将拉力绳拉向你的身体，收缩肩胛骨，在动作结束时收回肩胛骨（见图 b）。保持脊柱稳定，在此过程中不要晃动肩部和臀部。慢慢地进行反向运动，伸直手臂的时候让你的肩胛骨得到伸展。

a

b

单臂拉力器摩托车划船

进行此项练习，你将需要使用可调节的拉力器。站在拉力器前，两脚分开，约与肩同宽，且右腿在前。拉力绳的高度应与你的胸部基本持平。左手以对握的方式抓手柄（即掌心向着身体的右侧）。臀部向后翘起，身体前倾，膝关节稍微弯曲，使你的躯干与地面平行（见图 a）。将拉力绳拉向你的身体，和做拉力器下拉一样，保持左臂与拉力绳呈一条直线（见图 b）。一侧完成所有的重复动作后，再换另一侧。

a

b

单臂复合拉力器划船

进行此项练习，你将需要一个可调节的拉力器。面向拉力器，两脚分开，约与肩同宽，且右腿在前，膝关节稍微弯曲。左手以对握的方式抓手柄（即掌心向着身体的右侧）（见图a）。臀部向后翘起，身体前倾，向身体的斜上方伸出左臂（见图b）。反向运动，同时做划船动作（见图c）。回到初始位置时即完成动作。慢慢地再来一次，臀部向后翘起，伸手臂，注意节奏和时间。一侧完成所有的重复动作后，再换另一侧。

a

b

c

芯棒拉力器划船

进行此项练习，你将需要一个可调节的拉力器和一个芯棒。面向拉力器站立，芯棒大约与肩同高。握住芯棒，两手分开，距离比肩要宽。由于拉力绳系在芯棒的左侧，所以右腿在前，左腿在后（见图a）。用左臂将芯棒拉向你的身体，同时保持右肘稍稍弯曲（见图b）。慢慢反向运动，伸直左臂。在此过程中不要转动肩部和臀部。

a

b

宽握距坐姿划船

这个练习需要使用一个为坐姿划船动作特别设计的器械，在大多数健身房都能找得到。坐在座椅上，双脚分开踩在平板上，并与髋同宽。膝关节稍稍弯曲，后背挺直。以对握的方式握手柄（或者宽距握，使用下拉器杠杆）（见图a）。将手柄拉向你的身体（见图b）。慢慢反向运动，在此过程中确保背部不弯曲。

a

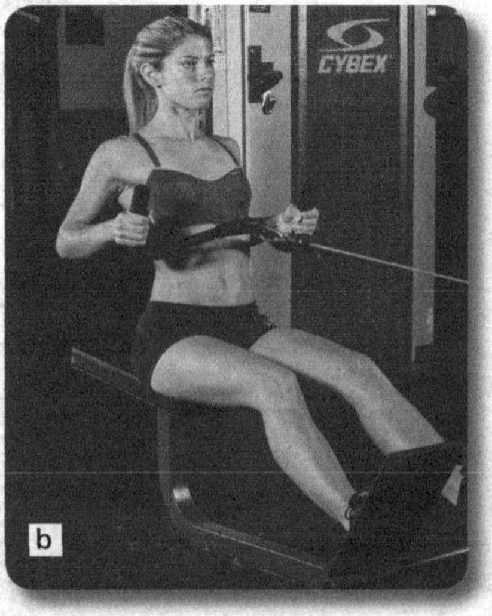

b

三角肌后束飞鸟

这个练习需要使用一个特别设计的器械，在大多数健身房都能找得到。这个练习器能够使你水平拉手柄至身体外侧。坐直，胸部位于缓冲垫前。以对握、正握或者反握的方式握住手柄，这取决于练习器设置的选项（例如图a使用的是对握）。找到放置脚的舒适位置，以最大限度地让你能够运用正确的技巧来进行练习。保持肘关节稍稍弯曲，张开双臂至身体两侧（见图b）。慢慢反向运动。做这个动作时，一定要保持脊柱稳定，并尽可能减少背部的任何弯曲。

哑铃臂弯举

直立站姿，两脚分开与髋同宽。双手各握一只哑铃，垂直于臀部两侧（见图a）。肘部弯曲，向上举哑铃至肩部位置，在这个过程中肘部不要向前移动（见图b）。双手上举到肩部前面时，反向运动，慢慢放哑铃至身体两侧。你也可以双臂交替来做。

拉力器肱二头肌屈臂

进行此项练习，你将需要一个可调节的拉力器。站在拉力器前，拉力绳系于膝关节下方 。双手各持绳索的一端，双臂垂于身体两侧，且肘关节稍稍弯曲（见图 a）。膝关节也稍稍弯曲，双手举向肩部（见图 b）。每一次重复动作时，在卷绳索的过程中一定不要让肘部向前运动。

a

b

以臀部为训练目标的下肢练习

由于进行组合的下肢练习时，构成下肢的肌肉经常全部参与其中，因此在很多情况下很难分清具体哪些参与了运动。也就是说，一些下肢的组合练习中臀部的运动比膝关节要多。我们将这些归于“以臀部为训练目标的下肢练习”。在减脂的力量训练体系中，我们使用了以下这些多种多样的以臀部为训练目标的下肢练习。

杠铃罗马尼亚式硬拉

直立站姿，双脚分开与髋同宽。双手握住杠铃，置于大腿前方，手臂伸直（见图 a）。保持后背挺直，臀部向后翘起，身体向前弯向地面，保持膝关节弯曲 15~20 度（见图 b）。当身体前屈的时候，向后带动臀部，不要晃动后背。当躯干与地面大致平行或杠铃片轻触到地面时，向杠铃方向带动臀部，反向运动直至回到初始位置，完成一次动作。

a

b

单腿杠铃罗马尼亚式硬拉

这是罗马尼亚式硬拉的单腿版动作，使用的动作技巧与双腿罗马尼亚式硬拉相同。单腿站立，握住杠铃，置于右腿前（见图 a）。保持后背挺直，臀部向后翘起，身体向前弯向地面，保持右腿弯曲 15~20 度。身体前屈的时候，向后抬起左腿，使它与你的躯干在一条直线上。一定要保证背部不晃动（见图 b）。当躯干与左腿大致同地面平行或杠铃片轻触到地面时，朝着杠铃向上提臀部，反向运动直至回到初始位置，完成一次动作。

你也可以运用相同的技巧使用一对哑铃（或单个哑铃）来进行这个练习。但是，使用杠铃来练习比使用哑铃在稳定性的方面要求更高，因为让长杠铃不向一边倾斜比控制哑铃要难。所以，如果在平衡力上有问题的话，可尝试使用哑铃。

单腿单臂哑铃罗马尼亚式硬拉

单腿站立，用另一侧的手握哑铃（见图 a）。保持后背和手臂伸直，臀部向后翘起，身体向前弯向地面，保持右腿弯曲 15~20 度。身体前屈的时候，向后抬起左腿，使它与你的躯干在一条直线上，而且不要让你的背部晃动（见图 b）。在最低位置的时候（当你的躯干大致与地面平行的时候），一定要保持臀部水平，不要转动。当躯干与左腿大致同地面平行时，反向运动直至回到初始位置，完成一次动作。

单腿 45 度拉力器罗马尼亚式硬拉

这个动作做起来与单腿哑铃罗马尼亚式硬拉完全一样，除了一点——这个动作在底部设置上使用了一个滑轮，使阻力向量改变，呈 45 度。单腿站立，用另一侧的手握住手柄（见图 a）。保持后背和手臂伸直，臀部向后翘起，身体向前弯向地面，保持右腿弯曲 15~20 度（见图 b）。身体前屈的时候，向上抬起左腿，使它与你的躯干在一条直线上，而且不要让你的背部晃动。在最低位置的时候（当你的躯干就要与地面平行时），一定要保持臀部水平，不要转动。当躯干与左腿大致与地面呈 45 度时，反向运动，朝向拉力绳向上提臀部，回到初始位置，完成一次动作。

注意，使用拉力绳时动作的范围要小一些，因为使用哑铃时，你对抗的作用力位置更高，哑铃会拉着你朝向地面；而拉力绳会拉着你朝向拉力绳本身或者与地面呈 45 度。

a

b

杠铃负重体前屈

直立站姿，两腿分开与髋同宽。将杠铃置于颈后（见图 a）。保持后背挺直，臀部向后翘起，身体向前弯向地面，保持膝关节弯曲 15~20 度（见图 b）。身体前屈的时候，将臀部往回提，且不要让后背晃动。当躯干与地面大致平行的时候，向前朝杠铃提臀部。反向运动直至回到初始位置，完成一次动作。

a

b

壶铃摆举

做壶铃摆举与罗马尼亚式硬拉所使用的技巧是相同的。唯一的区别就是做这个动作需要更快的速度。双脚分开，与肩同宽，双手握住一个壶铃。保持后背和手臂伸直，在两腿之间拉壶铃，就像用力提橄榄球一般。臀部向后翘起，身体前屈，并保持膝关节弯曲 15~20 度（见图 a）。当前臂碰到大腿时，利用爆发力反向运动，同时将臀部向前提，并且向上摆动壶铃至与眼睛水平（见图 b），完成一次动作。

a

b

杠铃卧推凳臀推

坐在地上，背靠卧推凳，将杠铃置于髋部上方。膝关节弯曲90度，双腿分开，保持与髋大致同宽（见图a）。尽最大可能向上提臀部，在此过程中背部挺直（见图b）。在最高位置时，臀部应当与肩部大致同高，这样你的身体形成一条直线。慢慢降低臀部至地面，然后重复。做这个动作前确定肩部倚靠的凳子是有稳定的物体支撑的，并且要用一个厚毛巾或者厚的杠铃护具包住杠铃，这样能使你在练习时臀部感到更舒服。如果没有卧推凳的话，也可以躺在地上练习。

单腿臀推

坐在地上，肩部提升，靠在卧推凳或椅子上。头部和肩部枕在卧推凳上，向两侧张开双臂，掌心向上。伸出双腿，使膝关节弯曲90度，且双脚在下面正对着膝关节。保持右腿弯曲90度，并将右腿提升至高于臀部（见图a）。提臀部，使身体从左腿膝关节到鼻子呈一条直线（见图b）。继续抬右腿，朝向地面降低臀部，完成一次动作。你还可以通过增加重量——尝试在髋部上方握杠铃来增加动作的难度。

水平臀部屈伸

进行这个练习，你将需要一个特别设计的器械，叫作背部屈伸机。大腿放在缓冲垫上，以使缓冲垫位于髋骨下方，并在胸前交叉双臂（见图 a）。双脚分开，与髋同宽，翘起臀部，保持后背挺直（见图 b）。反向运动，拉伸臀部，在此过程中不要弯曲背部。把自己拉起来以使身体从肩到腿、脚踝呈一条直线。移开一条腿置于脚踝缓冲垫上方而不是下方，就可以做单腿的练习。

反式水平臀部屈伸

进行这个练习，你将需要一个特别设计的器械，叫作背部屈伸机。面向屈伸机的后部，趴在上面，并抓住屈伸机的后面以使双腿悬垂，不要晃动背部（见图 a）。双脚分开，与髋同宽，固定臀部的位置，向后抬腿，使身体呈一条直线（见图 b）。抬腿的时候，双脚应向后伸，同时还要保持双腿伸直。

哑铃箭步屈身

直立站姿，握哑铃于身体两侧，两脚分开与髋同宽（见图 a）。一条腿向前迈一步，保持前腿膝关节弯曲 15~20 度，后腿膝关节伸直或稍稍弯曲。当前脚碰到地面时，臀部向后翘起，身体前屈，后脚跟可离开地面（见图 b）。躯干应该尽可能与地面平行，后背应该伸直。反向运动，向后迈步，双脚回到一起，而身体回到站直的位置。然后做相同的动作，换另一条腿向前迈。在进行这个练习的过程中，不要让哑铃碰到地面。

哑铃保加利亚式箭步蹲

直立站姿，双手握哑铃悬于身体两侧。将左脚放在身后的卧推凳或者椅子上，处于箭步蹲的姿势（见图 a）。朝地面降低身体，在此过程中不要让后腿膝盖碰到地面（见图 b）。身体向下运动时，保持后背挺直，躯干稍稍前倾，大约呈 45 度。向地面拉动脚后跟以使身体回到初始位置，完成一次动作。完成一侧的所有动作之后，再换另一条腿。

卧姿腿弯举

进行这个练习，你将需要用到一个器械，它通常被称为“卧姿腿筋卷曲机”或“卧姿腿弯举机”。趴在练习器上，髋关节位于缓冲垫最高部位的上方。调节你将要推的缓冲垫，使它位于小腿的最下端（见图 a）。抓住手柄，双腿分开与髋同宽，尽可能地将脚后跟拉向臀大肌（见图 b）。慢慢反向运动，控制住身体。

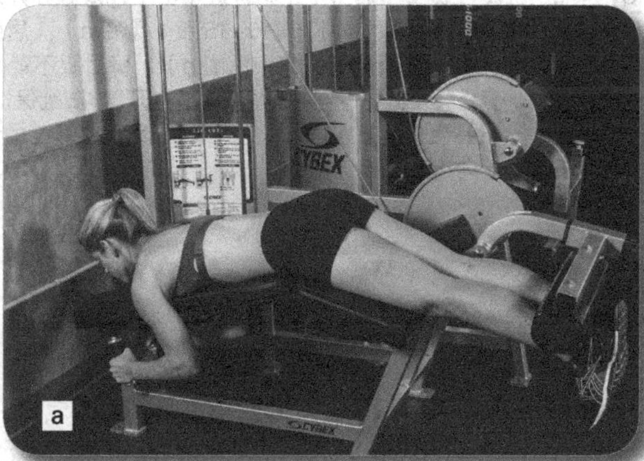

以腿部为训练目标的下肢练习

为了保证训练项目的全面性，我们不仅要做主要涉及髋关节运动的下肢练习，也要把强调膝关节运动的下肢练习（或是称为以腿部为训练目标的练习）囊括进来。在减脂的力量训练体系中，我们使用了以下这些以腿部为训练目标的下肢练习。

杠铃颈后深蹲

将杠铃置于后肩上（不是脖子上），双脚分开站立，距离比肩稍宽。脚向外打开 10~15 度（见图 a）。屈膝屈髋，尽可能地向地面降低身体（见图 b）。脚后跟不能离开地面，下背保持平直。一定要保持膝关节打开，与脚趾保持同一个方向。不要让膝关节靠向身体的中线。下蹲到你可控的最低位置时，反向运动，起身。

杠铃颈前深蹲

杠铃颈前深蹲与杠铃颈后深蹲所使用的技巧相同；唯一的区别就是杠铃的位置。将奥林匹克杠铃置于胸部上方，双脚分开站立，距离比肩部稍宽。脚向外打开 10~15 度（见图 a）。一定要站直，并且挺胸给杠铃提供支撑，而不是试图仅用双臂来举杠铃。屈膝屈髋，尽可能地向地面降低身体（见图 b）。做深蹲时，一定要保持肘部高高地向上空提起。脚后跟不能离开地面，下背保持平直。而且一定要保持膝关节打开，与脚趾保持同一个方向。不要让膝关节靠向身体的中线。下蹲到你可控的最低位置时，反向运动，起身。

a

b

六角杠铃深蹲

进行这个练习，你需要一个特别设计的杠铃，它通常被称为六角杠铃。由于六角杠铃提供独特的变式深蹲练习，因此是一种极佳的器械。但尽管如此，它在大多数健身房并不常见。也就是说，在这里我把它加进来鼓励你使用，仅仅是以备你确实可以使用到六角杠铃。

站在六角杠铃里面，双脚分开，约与肩同宽。处于深蹲姿势，双手握住手柄（见图 a）。一定要保持双脚平放，膝关节与脚趾在一条线上，下背向前拱。站直，双手自然位于臀部外侧（见图 b）。慢慢降下后背做深蹲，直到杠铃片触碰到地面。

a

b

杯式深蹲

a

b

直立站姿，双脚分开，与肩同宽。脚趾稍稍向外打开，约 10 度（见图 a）。双手握一只哑铃垂直于胸部。将两个肘关节向中间压，夹住哑铃。深蹲，弯曲膝关节，臀部后坐式（见图 b）。尽可能地降低身体，在此过程中不要晃动背部。一定要保证深蹲时脚后跟不会离开地面，也不要让膝关节向身体的中线靠近。膝关节要与脚趾保持同一个方向。

哑铃箭步蹲

双脚分开，与髋同宽，双手握一对哑铃（见图a）。向前迈一大步，降低身体使后腿膝盖轻轻触地（见图b）。后背挺直站立，同时向前带动后腿，与前腿合并。换一条腿向前迈大步，也就是在上一个动作中身后的那条腿(见图c)。躯干稍向前倾，脊柱挺直是正确的，但在箭步蹲的最低位置，不必让上身保持与地面垂直，因为前倾对于膝关节的压力更小（稍稍前倾有助于恢复臀大肌）。在房间里一边移动一边重复动作。

哑铃反式箭步蹲

反式箭步蹲与箭步深蹲的技巧相同，除了不必在房间走动外，向后迈步而不是向前迈步。双脚分开，与髋同宽，双手握一对哑铃(见图a)。左腿向后迈步，降低身体使膝关节轻触地面(见图b)。反向运动，起身，左脚向前回到初始位置。换另一条腿重复该动作。

滑动器分腿深蹲

滑动器分腿深蹲的动作和技巧与反式箭步蹲是一样的，除了在这个动作中，所有的重复都是在一条腿上进行的，因为你的另一只（不运动的那侧）脚要放在滑动器、纸板或是其他能够让脚擦着地面滑动的东西上。双手握一对哑铃，将左脚放在滑动器或者纸板上，保持脚后跟抬起（见图 a）。向后伸左腿并降低身体成反式箭步蹲的姿势（见图 b）。反向运动，起身，收回后脚使之与前脚并拢。一条腿进行完所有的重复动作后，再换另一条腿练习。

点膝深蹲

站姿，右腿弯曲，稍稍放于左腿后，双臂屈肘，双手举哑铃于肩上（见图 a）。慢慢向地面降低身体，使后腿膝关节轻触身后的物体（见图 b）。反向运动，再站起来。如果深蹲无法使膝关节碰到身后的物体也没有关系，只要尽可能降低身体且后脚（不承担重量的脚）不要碰到地面即可。你也可以通过移开 10~15 厘米高的物体，增加每次动作的活动范围，使膝关节碰到地面。

你也可以在肩上各握一只哑铃来进行这个练习（见图 a 和图 b）。而使用 10~15 厘米高的箱子可以降低练习的难度。一条腿完成所有的重复动作后再换另一条腿练习。

哑铃卧推凳登台阶

面向卧推凳站立，双脚分开，与髋同宽。双手握哑铃垂于臀部两侧。左脚踏上卧推凳（见图a），踏上去后伸直左膝（见图b）。踏上卧推凳后，让右腿轻轻踩到卧推凳上以保持身体平衡，然后反向运动，从凳子上下拉，右脚先触地。放下左脚，然后右脚踩到卧推凳上，重复刚才的动作。重要的是，每次上下台阶都要使用同一条腿，在地上时换下正在锻炼的腿（踩上卧推凳的那条腿），而不是在凳子上时换腿。

腹部练习

目前为止，我们讲了由四肢支配的运动：上肢推力和拉力练习，以及下肢腿部和臀部的练习。现在我们要关注的是组成身体中部的那些肌肉：你的腹部肌肉。

尽管这部分提供的练习锻炼的是腹部肌肉组织，但动作也会涉及肩部和臀部。还要注意的是，像罗马尼亚式硬拉、前深蹲、单臂肩部推举以及斜角推举这样的练习也可以被当作核心练习，因为你的核心不仅包括腹部肌肉，还包括构成躯干的所有肌肉。而刚刚列举的这些练习和之前讲过的一些其他练习，都要求你使用躯干的各种肌肉以保持身体姿势。比如，深蹲和硬拉都要求背部肌肉组织发挥作用，来抵抗向前牵引你的杠铃的重量和令背部晃动的力量。而在右侧进行单臂头上推举或斜角杠铃推举时，例如身体左侧的腹外斜肌等肌肉必须发挥作用，以控制好躯干并保持重心。

也就是说，目前提供的许多练习，刺激的是后部和两侧的躯干肌肉。接下来的这些练习是对前面练习的很好补充，关注前躯干肌肉：腹部肌肉。

哑铃平板支撑划船

采用俯卧撑的姿势，双脚分开，与肩同宽，双手握哑铃垂直于肩下（见图a）。向上拉哑铃直到碰到肋骨（见图b）。慢慢把哑铃放在地上，用同样的方式拉另一只哑铃。一定要使躯干尽可能地保持稳定，且任何时候都不要转动臀部。

侧肘平板支撑哑铃侧平举

左前臂放在卧推凳上，双脚置于地面，两脚分开，一脚在前，一脚在后（见图a）。整个身体，从鼻子到肚脐再到腿中部都保持在一条直线上。这就是侧肘平板支撑的姿势。保持这个姿势，同时用右手握的哑铃进行侧肩平举。开始时右手放于右臀上，向上举手臂，并保持肘部伸直，直至手臂举到肩部上方（见图b）。慢慢把手放下回到初始位置。一侧进行完所有的重复动作后，再换另一侧。

单臂农夫行走

双脚分开，与髋同宽，一手握重哑铃，悬垂于身体一侧的髋部位置（或举在肩部），掌心向内（见图a）。在房间里来回走，保持哑铃的位置，同时后背保持挺直（见图b）。然后换手，另一只手握哑铃，重复该动作。

a

b

土耳其起立

尽管“土耳其起立”只有一个名称，但实际上它是由一些握哑铃（或壶铃）就可以完成的动作组合而成。如果你从未做过土耳其起立，那么做好准备，这个动作不同于其他任何练习。

仰卧在地上，左手握一只哑铃（或壶铃）。向肩部的正上方伸出你的手臂，并弯曲左膝（见图a）。向右肘卷起身，保持左臂稳定（见图b）。然后伸直右肘坐起来（见图c）。抬起臀部（见图d），并使右腿滑到你的身体下面（见图e）。右膝触地的同时继续保持左臂伸直和稳定(见图f)。然后抬起躯干，以使躯干垂直于地面（见图g）。最终从半膝跪地的姿势站起来（见图h）。然后慢慢地一步一步反向运动，直至回到起始位置，完成一次动作。在另一侧重复该动作。注意，你可以每重复一次动作就换手，或者每重复两次、三次甚至四次再换——练习时为了维持最佳的强度和控制力，只要你感觉有必要即可。

a

b

c
d
e
f
g
h

杠铃彩虹划船

将杠铃的一端固定在一角，双手握住杠铃的另一端。站直，双脚分开，约与肩同宽。将杠铃从一边移到另一边，画出一个类似彩虹的拱形；同时转动臀部和肩部，并保持脊柱挺直，让你的躯干随时面向杠铃（见图 a– 图 c）。

杠铃小彩虹划船

将杠铃的一端固定在一角，双手握住杠铃的另一端。站直，双脚分开，约与肩同宽。将杠铃从肩部水平位置由一边移到另一边，画出一个类似彩虹的拱形。在此过程中不要转动躯干，并保持脊柱挺直（见图a–图c）。将杠铃从一边移到另一边时，躯干应当总是保持面向杠铃被固定的那个方向。

瑞士球前后摆

双膝跪地，手臂伸直，手掌放在直径55~65厘米的瑞士球上。膝关节和双手打开，与髋同宽（见图a）。向外推球，向头上方伸展手臂，就像跳入游泳池的动作（见图b）。尽可能地向远处推球，不要让头部和下背向地面下沉（见图c）。当你已经把球尽可能推到最远或者双臂已经位于头部上方，完全与躯干呈一条直线时，反向运动，将球拉回至初始位置。要减少难度的话，将前臂放在球上，其余的按照刚才描述的来做即可。

瑞士球旋转

将两只前臂都压在瑞士球的上面，做平板支撑的姿势，身体呈一条直线，双脚分开，与肩同宽（见图 a 和图 b）。移动双臂，画小圆圈（见图 c 和图 d）。顺时针和逆时针交替画圆圈，在此过程中不要让头部和臀部向地面下沉。

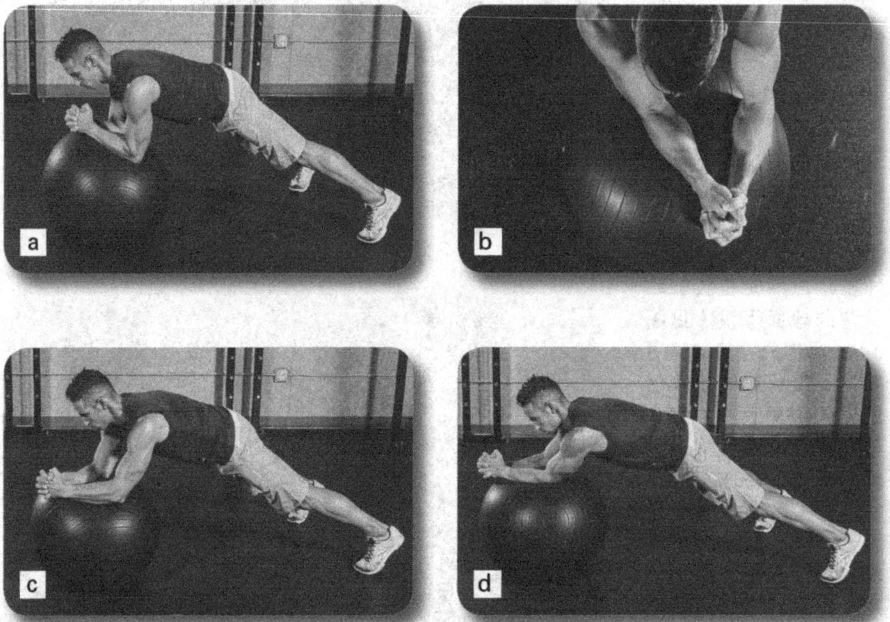

瑞士球卷膝

采用俯卧撑的姿势，双脚放在直径 55~65 厘米的瑞士球上（见图 a）。尽可能地向身体收膝盖，在这个过程中保持肩部在手腕上方，不要移动（见图 b）。反向运动，使身体重新保持水平，完成一次动作。

虾式跳水

采用俯卧撑的姿势，双脚放在直径55~65厘米的瑞士球上（见图a）。用腹部的力量向上方提臀，保持双腿伸直。继续提臀部，直至臀部差一点就到肩部的上方（见图b）。慢慢降低臀部至身体水平，回到初始位置。

a

b

虾式跳水后伸

这个动作将虾式跳水和瑞士球后伸结合成一个综合的腹部练习。采用俯卧撑的姿势，双脚放在直径55~65厘米的瑞士球上（要降低练习难度的话，可将瑞士球放在肚脐下）。身体处于平板支撑的姿势（见图a），保持双腿伸直，向上提臀，同时保持后背平直（见图b）。伸直臀部回到初始位置后，身体向后移动，直至双臂在前方完全伸展，双腿也在身后完全伸展（见图c）。反向运动，重复动作。

a

b

c

瑞士球卷体

让瑞士球处在下背的弓形处，躺在瑞士球上。在胸部正上方握一个杠铃片，双臂伸出（见图a）。压瑞士球，举着杠铃片向上抬肩部（见图b）。慢慢反向运动，让腹部肌肉在瑞士球上伸展开。进行这个练习时，要确保在任何时候都不让球滚动。并且坐起来时不要使躯干与地面垂直，因为这样会带走腹部的压力。

a

b

拉力器小范围侧拉

进行这个练习，你将需要一个可调节的拉力器。双脚分开，与肩同宽站立，拉力绳的手柄位于身体右侧。抓住身体右侧的手柄，肘部稍稍弯曲（见图a），然后向左边平拉，直至双臂刚刚位于左肩外侧（见图b）。向相反的方向（朝向拉力绳或拉力带的起点）水平移动双臂，直至双臂刚刚位于右肩外侧。这个练习的动作范围小，大约与肩部同宽。一定要保持直立，不要转动臀部——臀部应当自始至终垂直于拉力绳的起点。

a

b

双臂伐木

双脚分开站立，稍稍比肩宽，且与一侧的拉力器垂直。双手握手柄；手柄应当系在最低位置。下蹲，同时将大部分重量转移到离拉力器最近的腿上，双臂向下，朝向拉力绳的起点（见图a）。站起身，同时将重量转移到另一条腿上，朝对角线的方向从身前向上拉拉力绳（见图b）。在最高处结束动作，双臂到达身体一侧的头部上方。反向运动，回到初始位置，重复动作。一定要保持脊柱自始至终都位于中间位置，且让臀部回到最低的位置。

躯干应当保持与拉力器垂直。当你达到这个练习动作范围的最高点时，不要让躯干转动离开拉力器，这样做极大地减轻了躯干肌肉的紧张程度。顺畅、协调地完成这个练习，不管是离心动作还是向心动作。你也可以使用系在底部的阻力带进行这个练习。

反向卷体

仰卧在地上，膝盖弯曲，臀部向肚子卷曲。稍稍弯曲肘部，握住位于头部上方的哑铃或实心球（见图a）。用顺畅并且可控的方式做反向卷体，向上卷下背，使之离开地面，并向下颌抬膝盖（见图b）。慢慢地反向运动，向地面降低背部，每次降低一个椎骨的位置。一定不要用冲劲儿猛拉身体。此外，哑铃或实心球应该足够重，这样，练习的时候不会把球抬离地面。此外，在练习中任何时候都不要伸腿，也不要将头部抬离地面。

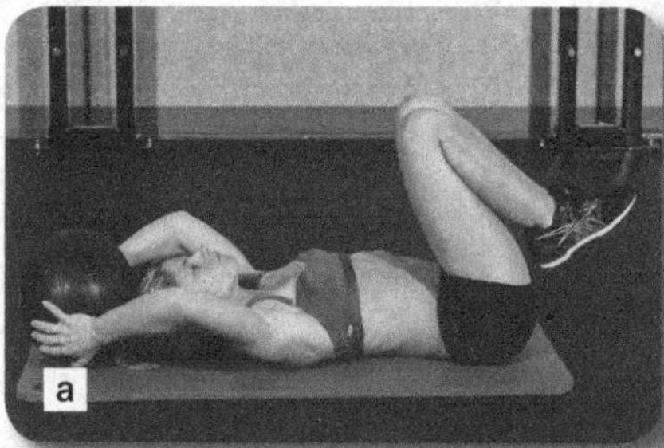

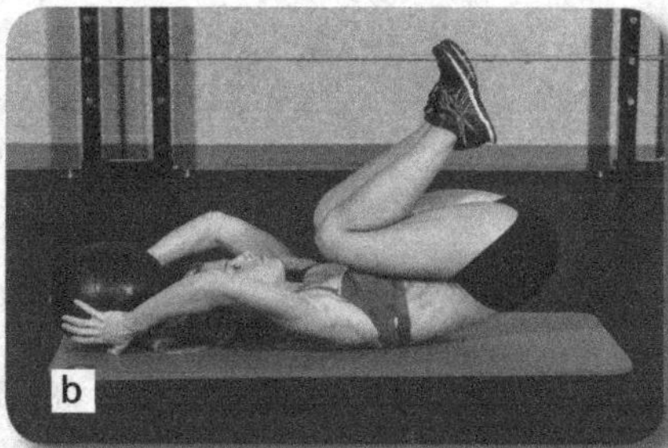

双腿缓降

仰卧在地上，膝关节弯曲，臀部卷曲。双拳位于头部两侧，压向地面（见图a）。慢慢朝地面放低双腿，保持膝关节弯曲，并将拳头向下压（见图b）。在这个过程中不要让背部离开地面。当脚后跟轻触到地面时，反向运动，将膝盖拉回髋部上方。为了使这个练习更具挑战性，当双腿向下运动时，可以尽量远地伸腿。简单说，腿伸得越远，练习的难度越大。只要确保任何时候后背都不离开地面即可。

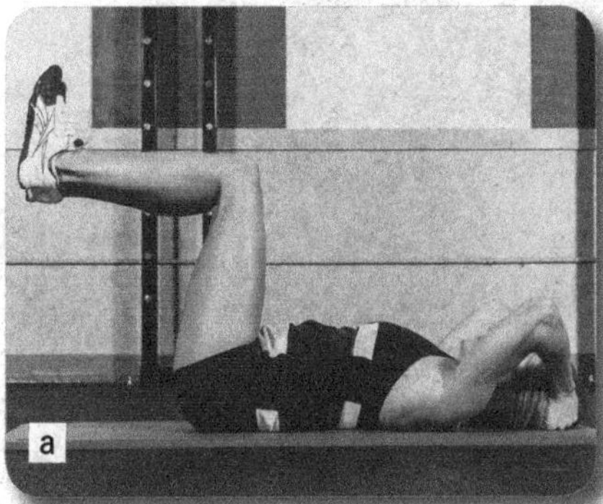

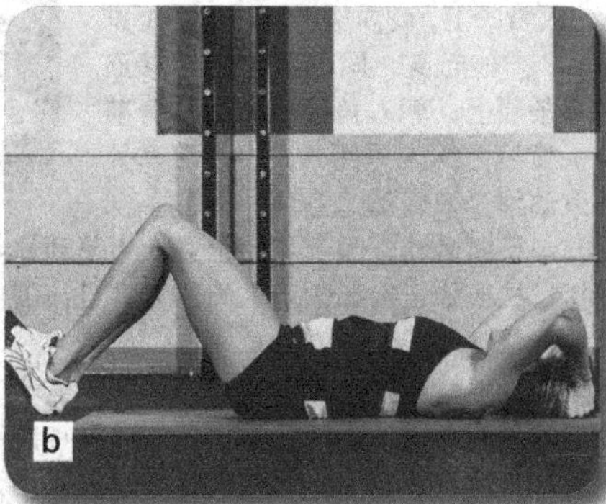

显然，循环训练是一种非常多样、有用的代谢力量训练方法。正如本章所示，你不仅有各种各样的练习可以作为循环训练的一部分，还有很多方式来构建你的大循环训练。

第五章 组合训练

顾名思义，力量训练的组合训练包含多种力量训练动作。做这些动作时，中间休息的时间很短。几个组合在一起，成为一个练习。本章囊括了众多力量训练的组合练习，涉及杠铃、哑铃、壶铃和芯棒等器械。

组合训练

本章的主要内容——代谢力量训练的组合训练，从奥运会举重项目的理念中得到了启示。在奥运会的举重比赛中，几个杠铃动作组合在一起成为一个奥运会动作。尽管组合训练的概念植根于奥运会项目，但并不是只有训练有素的奥运会举重运动员才能进行本章的组合练习。此外，尽管组合训练中的一些杠铃练习从奥运项目中得到启示，并以奥运式的练习为特色（如高翻），但本书中的这些练习并不是要让你竭尽全力举起最大的重量，而只是为了增加组合训练的多样性，使之更加有趣、充满活力并加强新陈代谢。本书直接采用了组合训练的理念，并贯穿始终。书中使用的器械远远不止杠铃这一种，本书还提供了哑铃、壶铃的组合训练，而且既有身体两侧的练习，又有身体一侧的练习。

大多数人，即使是私人教练，都不太明白其实全身训练和全身练习不一定是一回事儿。全身训练指的是在既定的计划中活动身体所有的主要部位。而全身练习指的是在一次重复中，运用所有的主要身体部位。代谢力量训练的组合训练是纯粹的全身练习，因为它们会迫使身体的每一个关节协作，来重复一组动作。代谢力量训练的循环训练（前一章的内容）和复合训练（后一章的内容）涉及的是各种练习集合，每一个集合都关注一个不同的肌群，一个肌群一个肌群地进行训练。因此，本书的训练将组合训练与循环训练、复合训练相结合，使得每一个训练都尽可能地全面和有效，以达到一个全身的训练效果，使你更苗条、更好看，身手更敏捷。

此外，每一个组合练习所使用的器械和负重都是相同的，这使得它在拥挤的健身房里成为一个有用的训练选择。进行代谢力量训练的组合训练，只需抓起一件器械就能锻炼整个身体。

组合练习

下面你将看到各种各样的代谢力量训练组合。有的组合涉及的动作较多，有的组合涉及的较少。一组训练中动作越多，难度也就越大。

在我们进行组合训练之前，首先看看到底应该如何使用它们。力量训练的组合训练在这本书中有两种使用方式。

组合方法 1

第一种方法是设定时间，也就是在一个 6~10 分钟的时间范围内尽可能多地完成重复动作。如果是进行身体一侧的复合练习（每次进行一侧），那么将时间范围切分一半，每一侧训练 3~5 分钟。在规定时间内完成所有动作后，休息 3~4 分钟再开始新的练习。

组合方法 2

另一种使用组合训练的方法更加传统，即完成既定数量的动作组合和重复次数。这个方法要求每个练习做 3~5 组动作，每组动作重复 2 次。然后一个练习的每组动作间休息 60~90 秒。如果你在做单侧的组合练习（每次进行一侧），那么每侧重复 6~10 次，休息大约 30 秒后再换另一侧。而当你做完两侧的练习，完成一轮后，休息约 90 秒再开始下一轮。

进行组合训练时，要保证负重足够大，这样相对于你的重复次数才能形成一个合适的挑战；但不能过重，过重会妨碍你控制力量，也不利于完成理想的重复次数。要通过增加负重、增加重复次数或减少休息时间来保证持续进步。

杠铃练习

不管人们进行了多少科学研究，发明了多少现代的力量训练方法，基础的阻力练习仍持续主宰——杠铃仍是最主要的练习器械之一。下面就是各种使用杠铃的代谢组合训练。

俯身划船 · 罗马尼亚式硬拉 · 高翻 · 头上推举

1 俯身划船

双脚分开站立，约与髋同宽。反手握杠铃，握距比肩稍宽。弯腰，臀部翘起，保持后背挺直，以使躯干与地面平行，且膝关节弯曲 15~20 度（见图 a）。向上拉起杠铃，至躯干中央，位于胸部和肚脐之间的高度（见图 b）。慢慢放下杠铃，在此过程中不要让杠铃碰到地面。你也可以正手握杠铃练习这个动作，但许多人觉得正手握不容易用劲儿。

注意：完成俯身划船后，将杠铃放在地上，换成正手来进行罗马尼亚式硬拉和这个组合训练中的其他练习。

a

b

2 罗马尼亚式硬拉

直立站姿，双脚分开，与髋同宽。双手握住杠铃，置于大腿前，手臂伸直（见图c）。保持后背挺直，臀部向后翘起，朝地面向前弯曲身体，保持膝关节弯曲 15~20 度（见图 d）。当身体前屈的时候，向后提臀，不要晃动背部。当躯干与地面大致平行或杠铃轻触地面时，向杠铃方向带动臀部，反向运动直至回到初始位置。

c

d

3 高翻

双脚分开站立，约与肩同宽。双手握杠铃，握距比肩稍宽。稍稍翘起臀部，将杠铃放在大腿上（见图e），运用爆发力提臀部，同时将杠铃向上举（见图f）。当杠铃到达肩部位置（见图g）时，在杠下迅速翻转肘关节，并在胸部上方接住杠铃（见图h）。

4 头上推举

双脚分开站立，与肩同宽。双手握杠铃，握距比肩稍宽（见图 i）。膝关节稍稍弯曲（见图 j），然后快速反向运动，运用爆发力将杠铃举到头上方，双臂和双腿要协调（见图 k）。当杠铃完全位于头部上方时，慢慢反向运动，将杠铃放在地上，完成完整的一组动作。

俯身划船 · 罗马尼亚式硬拉 · 跳跃耸肩 · 高翻 · 头上推举

1 俯身划船

双脚分开站立，约与髋同宽。反手握杠铃，握距比肩稍宽。弯腰，臀部翘起，保持后背挺直，以使躯干与地面平行，且膝关节弯曲 15~20 度（见图 a）。向上拉起杠铃，至躯干中央，位于胸部和肚脐之间的高度（见图 b）。慢慢放下杠铃，在此过程中不要让杠铃碰到地面。你也可以正手握杠铃练习这个动作，但许多人觉得正手握不容易用劲儿。

注意：完成俯身划船后，将杠铃放在地上，换成正手来进行罗马尼亚式硬拉和这个组合训练中的其他练习。

a

b

2 罗马尼亚式硬拉

直立站姿，双脚分开，与髋同宽。双手握住杠铃，置于大腿前，手臂伸直（见图c）。保持后背挺直，臀部向后翘起，身体前屈，保持膝关节弯曲 15~20 度（见图 d）。当身体前屈的时候，向后提臀，不要晃动背部。当躯干与地面大致平行或杠铃轻触地面时，向杠铃方向带动臀部，反向运动直至回到初始位置。

3 跳跃耸肩

完成罗马尼亚式硬拉后，站直（见图e），向上小小跳跃，同时耸肩，将双肩拉向你的耳朵（见图f）。

4 高翻

双脚分开站立，约与肩同宽。双手握杠铃，握距比肩稍宽。稍稍翘起臀部，将杠铃放在大腿上（见图g），运用爆发力提臀，同时将杠铃向上举（见图h）。当杠铃到达肩部位置（见图i）时，在杠下迅速翻转肘关节，并在胸部上方接住杠铃（见图j）。

g

h

i

j

5 头上推举

双脚分开站立，与肩同宽。双手握杠铃，握距比肩稍宽（见图k）。膝关节稍稍弯曲（见图l），然后快速反向运动，运用爆发力将杠铃举到头上方，双臂和双腿要协调（见图m）。当杠铃完全位于头部上方时，慢慢反向运动，将杠铃放在地上，完成完整的一个动作。

k

l

m

宽握距罗马尼亚式硬拉 · 宽握距俯身划船 · 高拉

1 宽握距罗马尼亚式硬拉

双脚分开站立，与肩同宽。双手握杠铃，置于大腿前，手臂伸直，双手分别位于臀部外侧约 30 厘米处（见图 a）。保持后背挺直，臀部向后翘起，身体前屈并保持膝关节弯曲 15~20 度（见图 b）。当身体前屈的时候，向后提臀部，不要晃动背部。当躯干与地面大致平行或杠铃轻触地面时，向杠铃方向带动臀部，反向运动直至回到初始位置。

a

b

2 宽握距俯身划船

双脚分开站立，与肩同宽。双手握杠铃，两手分别位于臀部外侧 30 厘米处。弯腰，臀部翘起，保持后背挺直，以使身体与地面平行，且膝关节弯曲 15~20 度（见图 c）。向上拉起杠铃，至躯干中央，位于胸部和肚脐之间的高度（见图 d）。慢慢放下杠铃，然后站起来。

c

d

3 高拉

膝关节稍稍弯曲，臀部向后翘起，身体稍向前屈，将杠铃放在大腿上（见图e）。运用爆发力挺身，将杠铃向上拉，手臂和腿同时用力，直至肘部与肩齐高（见图f）。然后放低杠铃至大腿上，控制好身体，开始下一次的重复练习。

e

f

角度翻·角度旋转推举

练习该组动作，需要将杠铃固定在角落或是把杠铃的一端插入设备中。以下就是这个组合的练习。

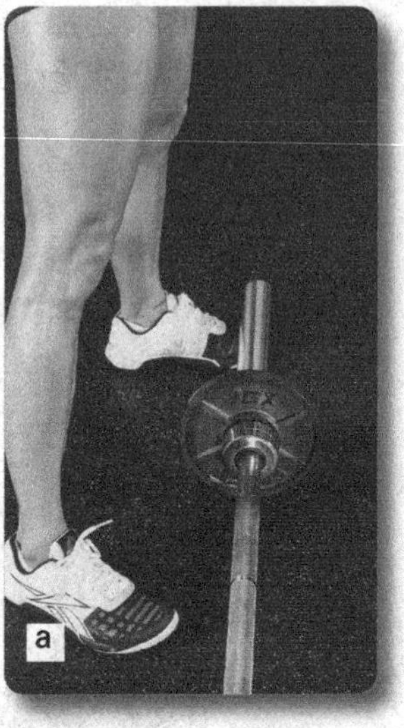

1 角度翻

双脚分开站立，与肩同宽，站在装有杠铃片的一端（将杠铃片安装在杠铃的一端），并使杠铃的这一端靠近左脚内侧（见图a）。双手握杠铃的尾部，右手正握，左手反握（见图b1）。降低身体，采用硬拉的姿势，膝关节弯曲，臀部向后翘起，身体前屈并保持后背挺直（见图b2）。站起身，将杠铃抬离地面，同时运用爆发力向杠铃方向带动臀部（见图c）。用双臂将杠铃拉到左肩，使杠铃的尾部位于胸前，而肘部在杠铃下方（见图d）。

2 角度旋转推举

双脚分开站立，与肩同宽，杠铃位于胸前（见图 e）。伸直双臂，将杠铃向外推，同时朝固定杠铃的方向旋转身体（臀部和躯干）（见图 f）。慢慢反向运动，首先将杠铃降到胸前，然后放在地上，完成一次动作。

哑铃练习

使用哑铃有两个特殊的好处。一是哑铃能够让你更准确地感知双臂的动作，用你感觉最舒服的方式，而不是像使用杠铃那样双手始终都要放在一开始的位置。二是哑铃能够让你每次只在身体的一侧负重。当你一侧有哑铃、另一侧没有时，产生的负荷就叫作“抵消负荷”。使用抵消负荷时，躯干肌肉便会自动地开始工作，来保持身体的平衡。

自由站姿单臂划船 · 手提箱式深蹲 · 单臂辅助高翻 · 单臂头上推举

这个组合练习是在身体的一侧进行的，也就是身体一侧有哑铃，然后在这一侧做该组中的每一个动作。该组共 4 个动作，每做完一个动作，都要将哑铃换到另一只手。在进行另一侧的第一个动作前，先调整好身体的位置，然后重复刚才的动作。你也可以在一侧做完所有的动作后再换另一侧。以下就是这一组的练习。

1 自由站姿单臂划船

分开腿站立，一腿在前一腿在后，膝关节稍稍弯曲。单手握哑铃，悬垂于后腿一侧。臀部向后翘起，保持后背挺直，以使躯干与地面平行（见图 a）。向上朝着你的身体拉哑铃，在此过程中不要转动肩部和臀部；在手臂向上的过程中，尽量保持肩部与身体处于同一水平线（即肩膀尽量往后）（见图 b）。在练习过程中，一定要保持脊柱稳定，后背挺直。慢慢向地面放下哑铃，但不要让哑铃碰到地面。

2 手提箱式深蹲

双脚分开，与肩同宽。单手握哑铃，悬垂于髋部（见图c）。弯曲膝关节，臀部向后呈坐姿，向地面放低身体，同时保持后背不要晃动（见图d）。当哑铃位于胫骨中点的下方时，反向运动，站起来，完成一次动作。

c d

3 单臂辅助高翻

直立站姿，双脚分开，与肩同宽。单手握哑铃，悬垂于髋部（见图e）。稍稍弯曲膝关节呈坐姿，臀部略向后坐，大腿弯曲约 15 度（见图 f）。运用爆发力向上，同时用手臂将哑铃向上拉至该手臂同侧的肩部位置，最终哑铃位于你的肩部前方，肘部位于哑铃下方。当你试图将哑铃带到肩部位置时，用另一只手托住哑铃的后底端，作为某种辅助形式来保证哑铃能到达你想要的位置（见图 g 到图 i）。保持最后这个姿势，进入下一个练习。

4 单臂头上推举

直立站姿，双脚分开，与肩同宽。单手握哑铃，放在肩部位置，而肘部位于哑铃手柄正下方（见图j）。慢慢弯曲膝关节（见图k），运用双腿的爆发力向上用力，同时将哑铃举到头上方（见图l）。慢慢将哑铃放回肩部，完成一次动作。

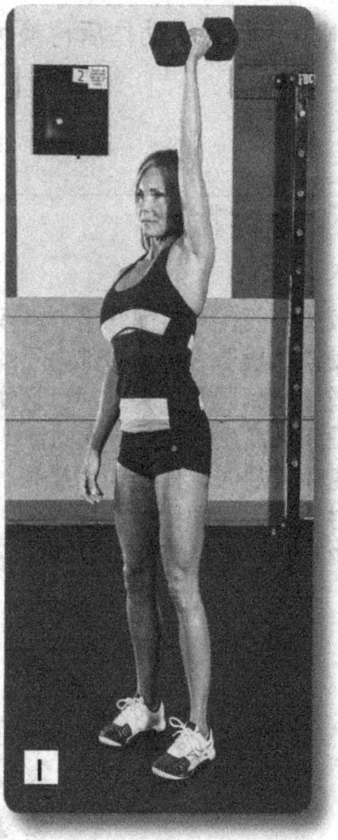

单臂摆举 · 单臂辅助高翻 · 单侧哑铃肩部前蹲 · 单臂头上推举

这又是一组在身体一侧进行的组合练习，它能够让你使用不同于杠铃的训练刺激。该组共 4 个动作，每做完一个动作都要将哑铃换到另一只手。在进行另一侧的第一个动作前，先调整好身体的位置，然后重复刚才的动作。你也可以在一侧做完所有的动作后再换另一侧。以下就是这一组的练习。

1 单臂摆举

双脚分开，约与髋同宽。单手握哑铃。保持后背和手臂伸直，在两腿之间摆动哑铃，就像摆动橄榄球一般。臀部向后翘起，身体前屈，并保持膝关节弯曲 15~20 度（见图 a）。当前臂碰到同侧的大腿时，运用爆发力反向运动，同时带动臀部向前，并且向上摆举哑铃至眼睛的高度，完成一次动作（见图 b）。

身体前屈时，保证向后提臀，并且不要让背部晃动。同时，每次摆动到最低点时，让前臂触碰到手臂同侧的大腿内侧。通过强调下肢腿部和臀部肌肉组织强有力的参与，而不是简单地用手臂提哑铃，能够保证动作的正确性。

a

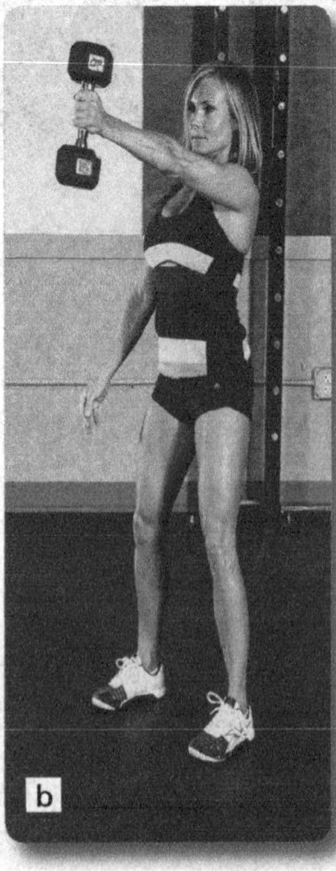
b

2 单臂辅助高翻

直立站姿，双脚分开，与肩同宽。单手握哑铃，悬垂于髋部（见图 c）。稍稍弯曲膝关节，接近坐姿，臀部翘起约 15 度（见图 d）。运用爆发力向上，同时用手臂将哑铃向上拉至该手臂同侧的肩部位置，最终哑铃位于你的肩部前方，肘部位于哑铃下方。当你试图将哑铃带到肩部位置时，用另一只手托住哑铃的后底端，作为某种辅助形式来保证哑铃能到达你想要的位置（见图 e- 图 g）。保持最后这个姿势，进入下一个练习。

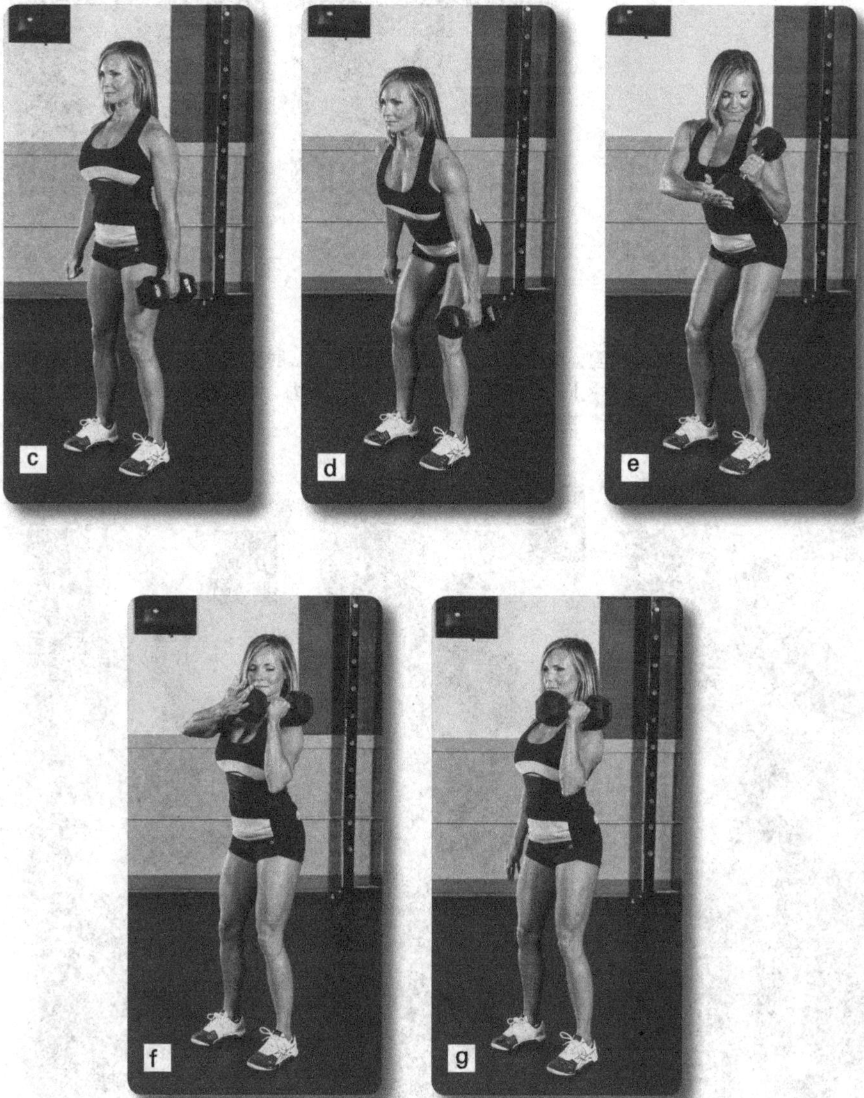

3 单侧哑铃肩部前蹲

直立站姿，双脚分开，与肩同宽。单手握哑铃，置于肩部前方，肘部位于手柄正下方（见图h）。在保持身体重心的同时，屈膝屈髋，尽量往下蹲，在这个过程中不要晃动后背（见图i）。反向运动，回到起始位置。

h

i

4 单臂头上推举

直立站姿，双脚分开，与肩同宽。单手握哑铃，置于肩部前方，肘部位于哑铃手柄正下方（见图j）。慢慢弯曲膝关节（见图k），运用双腿的爆发力向上用力，同时将哑铃举到头上方（见图l）。 慢慢将哑铃放回肩部，完成一次动作。

j

k

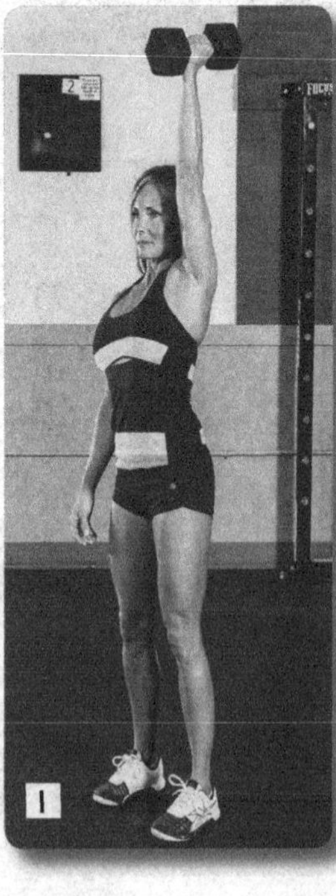
l

单臂辅助高翻 · 单臂上勾拳 · 单臂摆举 · 单臂波比

我们可以把这个动作组合看作是一个混合练习，因为它锻炼的目标既是全身又是下肢腿部。该组共 4 个动作，每做完一个动作，都要将哑铃换到另一只手。在进行另一侧的第一个动作前，先调整好身体的位置，然后重复刚才的动作。你也可以在一侧做完所有的动作后再换到另一侧。以下就是这一组的练习。

1 单臂辅助高翻

直立站姿，双脚分开与肩同宽。单手握哑铃，悬垂于髋部（见图 a）。稍稍弯曲膝关节，接近坐姿，臀部翘起约 15 度（见图 b）。向上运用爆发力，同时用手臂将哑铃向上拉至该手臂同侧的肩部位置，最终哑铃位于你的肩部前方，肘部位于哑铃下方。当你试图将哑铃带到肩部位置时，用另一只手托住哑铃的后底端，作为某种辅助形式来保证哑铃能到达你想要的位置（见图 c– 图 e）。保持最后这个姿势，进入下一个练习。

a

b

c

d

e

2 单臂上勾拳

直立站姿，双脚分开，约与肩同宽。单手握哑铃，置于肩部前方（见图f）。向上推举哑铃，同时身体向不握哑铃的一侧转动（见图g）。在这个练习中，为了更好地转动臀部，转身时脚跟要离开地面。

f

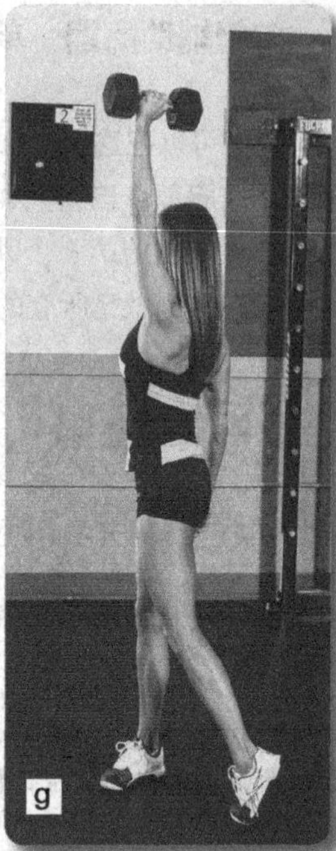
g

3 单臂摆举

双脚分开，约与髋同宽。单手握哑铃。保持后背和手臂伸直，在两腿之间摆动哑铃，就像摆动橄榄球一般。臀部向后翘起，身体前屈，并保持膝关节弯曲15~20度（见图h）。当前臂碰到同侧的大腿时，运用爆发力反向运动，同时带动臀部向前，并向上摆举哑铃至眼睛的高度，完成一次动作（见图i）。身体前屈时，保证向后提臀，并且不要让背部晃动。同时，每次摆动到最低点时，让前臂触碰到手臂同侧的大腿内侧。通过强调下肢腿部和臀部肌肉组织强有力的参与，而不是简单地用手臂提哑铃，能够保证动作的正确性。

h

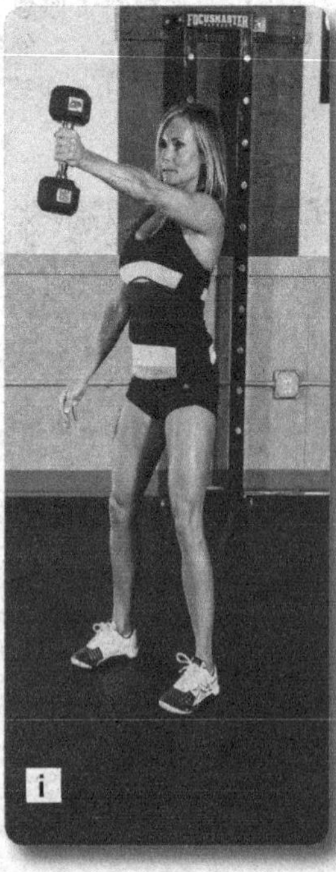
i

4 单臂波比

双脚分开，稍稍比肩宽。单手握哑铃，手臂伸直，位于身前，使哑铃悬于两脚之间（见图j）。膝关节稍稍弯曲，向前屈身，将哑铃放在地上，而手位于手臂的正下方（见图k）。向后伸腿跳跃（见图l），最终呈单臂俯卧撑的姿势（见图m）。保证身体呈一条直线，臀部不要向地面下沉。以哑铃为支点，跳起来回到直立姿势，完成一次动作（见图n－图p）。

j

k

l

m

n

o

p

单臂波比 · 单臂辅助高翻 · 单侧哑铃肩部前蹲 · 单臂上勾拳

对于想要加强下肢腿部力量的人，这是个很好的动作组合。该组共4个动作，每做完一个动作，都要将哑铃换到另一只手。在进行另一侧的第一个动作前，先调整好身体的位置，然后重复刚才的动作。你也可以在一侧做完所有的动作后再换另一侧。以下就是这一组的练习。

1 单臂波比

双脚分开，稍稍比肩宽。单手握哑铃，手臂伸直，位于身前，使哑铃悬于两脚之间（见图a）。膝关节稍稍弯曲，向前屈身，将哑铃放在地上，而手位于手臂的正下方（见图b）。向后伸腿跳跃（见图c），最终呈单臂俯卧撑的姿势（见图d）。保证身体呈一条直线，臀部不要向地面下沉。以哑铃为支点，跳起来回到直立姿势，完成一次动作（见图e和图f）。

2 单臂辅助高翻

直立站姿，双脚分开，与肩同宽。单手握哑铃，悬垂于髋部（见图g）。稍稍弯曲膝关节，接近坐姿，臀部翘起约 15 度（见图h）。向上运用爆发力，同时用手臂将哑铃向上拉至该手臂同侧的肩部位置，最终哑铃位于你的肩部前方，肘部位于哑铃下方。当你试图将哑铃带到肩部位置时，用另一只手托住哑铃的后底端，作为某种辅助形式来保证哑铃能到达你想要的位置（见图 i– 图 k）。保持最后这个姿势，进入下一个动作。

g

h

i

j

k

3 单侧哑铃肩部前蹲

直立站姿，双脚分开，与肩同宽。单手握哑铃，置于肩部前方，肘部位于手柄正下方（见图 l）。在保持身体重心的同时，屈膝屈髋，尽量往下蹲，在这个过程中不要晃动后背（见图m）。反向运动，回到起始位置。

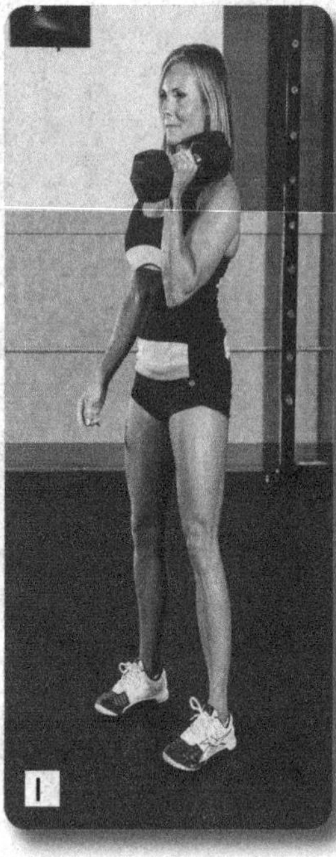
l

m

4 单臂上勾拳

直立站姿，双脚分开，约与肩同宽。单手握哑铃，置于肩部前方（见图 n）。向上推举哑铃，同时身体向不握哑铃的一侧转动（见图 o）。在这个练习中，为了更好地转动臀部，转身时脚跟要离开地面。

n

o

深蹲推 · 双臂摆举 · 下波比 · 俯卧撑 · 平板支撑划船 · 上波比

这是第一个哑铃类的且在身体两侧进行的动作组合。也就是说，做这个组合练习时需要使用两个哑铃，一手一个。该组共 6 个动作，每个动作都做一遍；然后调整好身体姿势，从第一个动作开始，依次重复刚才的动作。以下就是这一组的练习。

1 深蹲推

直立站姿，双脚分开，与肩同宽。双手各握一只哑铃，置于肩部，肘部位于手柄的正下方（见图 a）。尽量往下深蹲，弯曲膝关节，向后呈坐姿，在这个过程中不要让脚后跟抬离地面，也不要晃动下背（见图 b）。反向运动，在站起来的同时向头上方推哑铃，使膝关节和手臂大约在同一时间伸直（见图 c）。

2 双臂摆举

d

e

双脚分开，约与髋同宽，双手各握一只哑铃。保持后背和手臂伸直，在两腿之间摆动哑铃，就像摆动橄榄球一般。臀部向后翘起，身体前屈，并保持膝关节弯曲 15~20 度（见图 d）。当前臂碰到两侧的大腿时，运用爆发力反向运动，同时带动臀部向前，并且向上摆动哑铃至眼睛的高度，完成一次动作（见图 e）。

身体前屈时，保证向后提臀，并且不要让背部晃动。同时，每次摆动到最低点时，让前臂触碰到手臂同侧的大腿内部。臀部发力，将手臂从大腿向前移，摆动哑铃向上，完成每次动作，通过强调下肢腿部和臀部肌肉组织强有力的参与，而不是简单地用手臂提哑铃，能够保证动作的正确性。

3 下波比

两脚分开站立，比肩要宽。双手握哑铃，位于髋部前，手臂伸直，使哑铃悬于两脚之间。弯曲膝盖，向前屈身，将哑铃放在两脚之间的地上，分别位于两个肩膀的正下方（见图 f）。向后跳跃，最后呈俯卧撑的姿势，身体呈一条直线，并且臀部不能向下沉（见图 g）。保持这个姿势，进入下一个练习。

f

g

4 俯卧撑

哑铃位于肩部正下方，手分别握住哑铃的手柄（见图h）。做俯卧撑，向地面降低身体，同时保持肘关节始终位于手腕的正上方（见图i）。当肋骨碰到哑铃时，反向运动，向上撑起身体。保证在任何时候都不让头部和臀部向下沉。

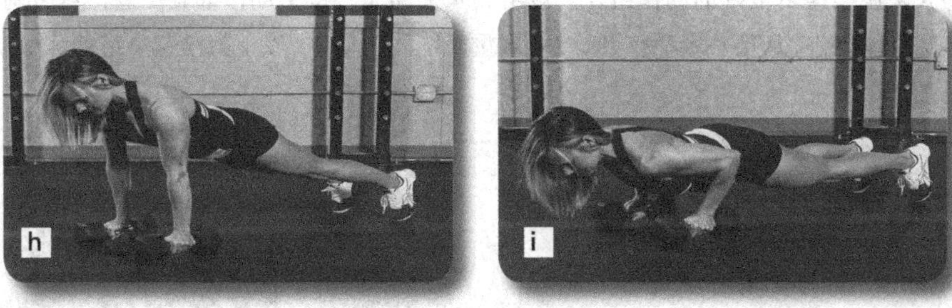

5 平板支撑划船

呈俯卧撑平板姿势，双手分别握住哑铃的手柄（见图j），将一个哑铃向上拉向你的身体，直至它碰到同侧的肋骨（见图k）。慢慢把哑铃放到地上，然后用同样的方式向上拉另一个哑铃。向上拉哑铃时，一定要尽量保持躯干稳定，并且不要转动臀部。

6 上波比

呈俯卧撑平板姿势，双手分别握住哑铃的手柄，向上跳起，让双脚位于哑铃的两侧（见图l）。然后直身站立即可(见图m)。

深蹲跳 · 下波比 · T 形俯卧撑 · 上波比

做这个动作组合也需要两个哑铃。对于想要挑战躯干肌肉尤其是前腹部肌肉的人来说，这是很好的动作组合。该组共 4 个动作，每个动作都做一遍，然后调整好身体姿势，从第一个动作开始，依次重复刚才的动作。以下就是这一组的练习。

1 深蹲跳

双脚分开，约与肩同宽，直立站姿，双手分别在髋部外侧握一个哑铃。深蹲，使大腿与地面平行，或稍低于这个位置。在这个过程中要保证下背不晃动（见图 a）。运用爆发力向上跳起，伸直双腿（见图 b）。尽量轻轻地、安静地落地并再次处于深蹲姿势。保证每次深蹲下去时膝盖与脚趾要保持在一条线上；任何时候膝盖都不要相互靠近。

a

b

2 下波比

两脚分开站立，比肩要宽。双手握哑铃，位于髋部前，手臂伸直，使哑铃悬于两脚之间。弯曲膝关节，向前屈身，将哑铃放在两脚之间的地上，分别位于两个肩部的正下方（见图 c）。向后跳跃，最后呈俯卧撑的姿势，身体形成一条直线，并且臀部不能向下沉（见图 d）。

c

d

3 T 形俯卧撑

呈俯卧撑平板姿势，手分别握住哑铃的手柄，而哑铃位于肩部正下方。做俯卧撑，向地面降低身体，同时保持肘关节始终位于手腕的正上方（如图 e）。当肋骨碰到哑铃时，反向运动，向上撑起身体（见图 f）。在每次重复的最高点位置，将整个身体转向一侧，双脚的一侧着地，同时向空中伸出上面的手臂，让身体形成 T 字形（见图 g）。反向运动，转向身体的另一侧，向空中伸出另一只手臂。然后回到中心的俯卧撑平板位置。保证任何时候都不要让头部和臀部向下沉。

e

f

g

4 上波比

呈俯卧撑平板姿势，双手分别握住哑铃的手柄，向上跳起，让双脚位于哑铃的两侧（见图 h）。然后直身站立即可（见图 i）。

h

i

土耳其起立

尽管“土耳其起立”只有一个动作名称，但实际上它由一些握哑铃（或壶铃）就可以完成的动作组合而成。如果你从未做过土耳其起立，那么做好准备，这个动作不同于其他任何练习。

仰卧在地上，左手握一只哑铃（或壶铃）。向肩部的正上方伸出你的手臂，并弯曲左膝（见图a）。向右肘卷起身，保持左臂稳定（见图b）。然后伸直右肘坐起来（见图c）。抬起臀部（见图d），并使右腿滑到你的身体下面（见图e）。右膝触地，同时继续保持左臂伸直和稳定（见图f）。然后抬起躯干，以使躯干垂直于地面（见图g）。最终从半膝跪地的姿势站起来（见图h）。然后慢慢地一步一步反向运动，直至回到起始位置，完成一次动作。在另一侧重复该动作。注意，你可以每重复一次动作就换手，或者每重复两次、三次甚至四次再换——练习时为了维持最佳的强度和控制力，只要你感觉有必要即可。

壶铃练习

进行组合练习，自然会选择壶铃。壶铃是很有效的工具，因为许多壶铃的动作可以顺畅地连续一起做。话虽如此，要想用得顺手，还需练习。在健身房这样的环境中使用壶铃，周围一定要有足够的空间，并小心四周。你的健身伙伴可能还不适应这样的摆动动作，可能会因走得太近而被打到。

双臂摆举 · 双臂摆翻 · 前蹲 · 双臂头上推举

这个动作组合使用 2 个壶铃，包含 4 个主要的壶铃练习。以下就是这一组动作的练习。

1 双臂摆举

双脚分开，约与髋同宽，双手各握一只壶铃。保持后背和手臂伸直，在两腿之间摆动壶铃，就像摆动橄榄球一般。臀部向后翘起，身体前屈，并保持膝关节弯曲 15~20 度（见图 a）。当前臂碰到两侧的大腿时，运用爆发力反向运动，同时带动臀部向前，并向上摆动壶铃至眼睛的高度，完成一次动作（见图 b）。

身体前屈时，保证向后提臀，并且不要让后背晃动。同时，每次摆动到最低点时，让前臂触碰到手臂同侧的大腿内部。臀部发力，将手臂从大腿向前移，摆动哑铃向前，完成每次动作。通过强调下肢腿部和臀部肌肉组织强有力的参与，而不是简单地用手臂提壶铃，能够保证动作的正确性。

a

b

2 双臂摆翻

双脚分开站立，距离比肩宽，双手各握一只壶铃。稍稍弯曲膝关节，臀部向后翘起，身体前屈，能够让壶铃在两腿之间摆动（见图 c）。迅速反向运动，向上提臀并举手臂（见图 d）。在壶铃向上的过程中，迅速翻转肘部，使肘关节位于壶铃的正下方，然后放松身体，让身体去接纳举上来的壶铃，尽量多地建立缓冲（见图 e 和图 f）。换句话说，当壶铃摆动到胸前时，可以把壶铃想象成鸡蛋，而你不想打碎它们，尽量轻轻地接纳它们。

c

d

e

f

3 前蹲

双脚分开，距离比肩要宽。脚向外打开 10~15 度，将壶铃握于身前，放在胸部和前臂上方（见图 g）。双手应当靠近胸部中间的位置，而肘关节向下指，类似一个三角形。一定要保持直立，挺起胸部，给壶铃提供支撑，而不要试图仅用你的手臂来举。屈膝屈髋，尽量向下降低身体（见图 h）。脚后跟不要离开地面，且下背要挺直。此外，一定要把膝盖打开，让膝盖与脚趾对着同一个方向，膝盖不要向着身体的中线内翻。当你深蹲到最低位置时，反向运动，站起来。

g

h

4 双臂头上推举

双脚分开，与肩同宽，双手分别握一只壶铃，使壶铃位于肩部外侧一点的位置，并且将壶铃放在胸部和前臂上方（见图 i）。双手应当靠近胸部中间的位置，而肘关节向下指，类似一个三角形。稍稍弯曲膝关节（见图 j），然后迅速反向运动，运用爆发力将壶铃举到头上方，手臂和腿要协调，最后掌心相对（见图 k）。当壶铃完全位于头的上方时，慢慢反向运动，放下壶铃，回到初始位置。

单臂摆举·单臂摆翻·单侧前蹲·单臂头上推举

除了练习都是在身体一侧使用同一个手臂完成每一个动作之外，这个动作组合与上一个是完全一样的。对于喜欢使用壶铃的人，以及享受单侧练习挑战的人，这都是很好的动作组合。以下就是这一组的练习。

1 单臂摆举

双脚分开，约与髋同宽。单手握壶铃。保持后背和手臂伸直，在两腿之间摆动壶铃，就像摆动橄榄球一般。臀部向后翘起，身体前屈，并保持膝关节弯曲 15~20 度（见图 a）。当前臂碰到同侧的大腿时，运用爆发力反向运动，同时带动臀部向前，并且向上摆举壶铃至眼睛的高度，完成一次动作（见图 b）。

身体前屈时，保证向后提臀，并且不要让后背晃动。同时，每次摆动到最低点时，让前臂触碰到手臂同侧的大腿内部。臀部发力，将手臂从大腿向前移，摆动哑铃向前，完成每次动作。通过强调下肢腿部和臀部肌肉组织强有力的参与，而不是简单地用手臂提壶铃，能够保证动作的正确性。

2 单臂摆翻

双脚分开站立，距离比肩宽，单手握壶铃。稍稍弯曲膝关节，臀部向后翘起，身体前屈，能够让壶铃在两腿之间摆动（见图c）。迅速反向运动，向上提臀并举手臂（见图d）。在壶铃向上的过程中，迅速翻转肘部，使肘关节位于壶铃正下方，然后放松身体，让身体去接纳举上来的壶铃，尽量多地建立缓冲（见图e）。换句话说，当壶铃摆动到胸前时，可以把壶铃想象成鸡蛋，而你不想打碎它们，尽量轻轻地接纳它们。

3 单侧前蹲

双脚分开，距离比肩要宽。脚向外打开10~15度，将壶铃握于身前，放在胸部和前臂上方（见图f）。单侧手臂应当靠近胸部中间的位置，而肘关节要向下指，类似一个三角形。一定要保持直立，挺起胸部，给壶铃提供支撑，而不要试图仅用你的手臂来举。屈膝屈髋，尽量向下降低身体（见图g）。脚后跟不要离开地面，且下背要挺直。此外，一定要把膝盖打开，让膝盖与脚趾处于同一个方向，膝盖不要向着身体的中线内翻。当你深蹲到最低位置时，反向运动，站起来。

4 单臂头上推举

双脚分开，与肩同宽。单手握壶铃，位于胸部和前臂上方（见图h）。手应当靠近胸部中间的位置，而肘关节向下指，大小臂的形状类似三角形的形状。稍稍弯曲膝关节（见图i），然后迅速反向运动，运用爆发力将壶铃举到头上方，手臂和腿要协调（见图j）。当壶铃完全位于头上方时，慢慢反向运动，放下壶铃，回到初始位置。

芯棒练习

芯棒是一种单侧负重的健身器械。既可以使用杠铃片，也可以将芯棒固定在拉伸机或阻力带上。芯棒的独特之处在于，它提供彼此相反的动作训练——一侧推的同时，另一侧在拉，反之亦然。这种类型的相反动作，在功能性运动中都会有，从健走到拳击——一边向前，另一边则向相反的方向。总之，杠铃、双臂壶铃以及双臂哑铃练习提供的是身体两侧的运动，单臂壶铃和单臂哑铃练习提供的是身体一侧的运动。而芯棒提供了进行相反运动的特殊机会。此外，一些练习只能使用芯棒才能做，使用其他类型的练习器械是无法完成的。

铲举 · 自由举

1 铲举

双脚分开站立，与肩同宽。左手正手握芯棒的底部，右手反手握芯棒的上部（靠近负重的一端）。芯棒负重的一端远离身体。深蹲，使不负重的一端位于左大腿之上，而左手放在左侧臀部位置（见图 a）。左手向下按，同时右手上举，将芯棒上举到右肩，就像把东西铲上右肩一样（见图 b 和图 c）。

2 自由举

双脚分开站立，约与肩同宽。握住芯棒，放在右肩上。左手握住芯棒下端，掌心面向身体，同时右手握住芯棒上端，即杠铃片的正下方位置，掌心也面向身体（见图 d）。稍稍弯曲膝关节，向上方举芯棒的同时伸直腿，芯棒保持垂直（见图 e）。慢慢放下芯棒，回到初始位置，因此最终是准备做铲举的姿势，即负重的一端放在地上，而底部手柄的一端回到左大腿上方，开始下一个重复动作。

本章的代谢组合训练都有一个共同点：每一个练习的安排都遵循逻辑顺序，能够让你顺利地过渡到下一个练习。这不仅让组合训练易于记忆，还使之更加有效，因为它们让你得到了大量的高质量锻炼，同时在短时间内将各种各样的动作融合在一起。下一章要讲到的复合训练同样具有这种积极的特质。

第六章 复合训练

复合训练是一系列的力量训练练习，它使用同一种健身器械，并将每个动作都重复多次。同前一章讲的代谢力量训练的组合训练一样，复合训练也包含了各种各样的力量训练练习；连续进行，一个练习完了紧接着进行下一个练习，其间很少休息，这样便于记住动作。然而，不同于组合训练的是，在复合训练中，将一个练习重复几次之后，才能进行下一个练习，且中间不能休息。

复合训练

复合训练是全身的循环锻炼，使用同一种器械完成。这在拥挤的健身房是很有益处的，因为很多人都想争抢健身器械。你可以把练习串联起来，构成一个复合练习，且练习的数量不限。选择的练习越多，复合训练的运动强度也就越大，因为运动量增加了。

进行复合训练所需要的负重，比循环训练和组合训练使用的要轻，这是因为复合训练要求的速度更快，运动量也更大。复合训练的目标是快速移动重物（即重复一次动作），并且控制好负重和身体姿势。换句话说，你的动作速度要更快（保持高强度），但不是冲刺。这不是比赛，你不想草率。有两种办法可以提升训练的强度，调动起身体“发动机”的最大功率：增加负重或提高速度。本书中的代谢力量训练法同时使用这两种方法，来保证你的训练全面，获得最大的效果——进行复合训练时，速度快、负重小；进行循环训练和组合训练时，速度慢、负重大。

使用与第四章中循环训练相同的策略，本章的每个复合练习都包括以下这些基本动作模式：

- 上肢推力动作；

· 上肢拉力动作；
· 下肢腿部动作（例如深蹲）；
· 下肢臀部动作（例如硬拉）。

当进行以上每一种模式的动作时，你将以某种方式运用身体全部的肌肉群，包括你的核心肌肉组织。因为每次你需要保持一个有力且稳定的身体姿势时，这些肌肉都会发挥作用，这也是本章讲述的复合训练所要求的。并且，我们已经说明了，锻炼到的肌肉越多，燃烧的热量也越多——训练期间和训练结束后的几小时内都是如此。

复合训练

以下代谢力量训练的复合训练，每一个都包括四个或更多不同的练习，涉及一些动作模式，有些模式可能多次出现。在同一个复合动作组中，一个练习需要重复几次，然后才能进行该动作组中的下一个练习。

在学习如何进行各种复合训练之前，你需要了解使用复合训练的几个参数。

· 进行复合训练时，尽量使用最大的负重来完成重复动作，动作要快，还要控制好身体。
· 在一个复合动作组中，每个练习重复 6~15 次，做 2~5 组。
· 复合动作组中的练习期间不能休息（除非你需要快速呼吸）。然而，动作组之间（即做完一轮完整的复合动作组之后）应当休息 1.5~3 分钟。
· 如果进行身体一侧的复合训练（每次只锻炼身体的一侧），做完一侧的动作后休息 30~90 秒，两侧的动作都完成后休息 2~3 分钟。

给你的建议是，一个复合动作组中，对于简单的练习（你最擅长的练习），重复的次数要多一些，对于最难的练习（你最不擅长的练习），重复的次数要少一些。为了保证持续的进步，可增加负重、增加重复次数或者减少动作组间的休息时间。

下面是一些在身体两侧和身体一侧进行的代谢复合练习。正如你将看到的，上一章讲到的组合练习中的一些动作，也可以在复合练习中使用。

杠铃复合练习

杠铃不仅是增加力量、将练习组合在一起的好工具，还对构建代谢力量训练的复合训练这一令你肌肉泵血、心跳加速的训练十分有效。下面就是各种代谢力量训练的复合训练，它们将告诉你如何用新方法使用杠铃这种经典的健身器械。

反式箭步蹲·头上推举·宽握距俯身划船·宽握距罗马尼亚式硬拉

1 反式箭步蹲

直立站姿，双脚分开，与髋同宽。将杠铃放在颈后（见图a）。向后迈一步，降低身体，使膝盖轻轻碰到地面（见图b）。反向运动，从箭步蹲中站起来，收回向后迈出的那只脚，回到初始位置。然后另一条腿做同样的动作。

注意：完成反式箭步蹲的最后一次重复后，腿和手臂要协调使用，将杠铃从后肩提起放在身前，开始做头上推举。

a

b

2 头上推举

双脚分开站立，与肩同宽。双手握杠铃，握距比肩稍宽（见图c）。膝关节稍稍弯曲（见图d），然后快速反向运动，运用爆发力将杠铃举到头上方，双臂和双腿要协调（见图e）。当杠铃完全位于头部上方时，慢慢反向运动，将杠铃放在地上，完成完整的一组动作。

c

d

e

3 宽握距俯身划船

双脚分开站立，与肩同宽。双手握杠铃，并分别放在臀部外侧 30 厘米处。弯腰，臀部翘起，保持后背挺直，以使身体与地面平行，且膝关节弯曲 15~20 度（见图 f）。向上拉起杠铃，至躯干中央，位于胸部和肚脐之间（见图 g）。慢慢放下杠铃，完成动作前不要让杠铃碰到地面。

f

g

4 宽握距罗马尼亚式硬拉

双脚分开站立，与肩同宽。双手握住杠铃，置于大腿前，手臂伸直，双手分别位于臀部外侧约 30 厘米处（见图 h）。保持后背挺直，臀部向后翘起，身体前屈并保持膝关节呈 15~20 度（见图 i）。当身体前屈的时候，向后提臀，在此过程中不要晃动背部。

h

i

俯身划船 · 罗马尼亚式硬拉 · 高翻 · 头上推举 · 前蹲

1 俯身划船

双脚分开站立，约与髋同宽。反手握杠铃，握距比肩稍宽。弯腰，臀部翘起，保持后背挺直，以使身体与地面平行，且膝关节弯曲 15~20 度（见图 a）。向上拉起杠铃，至身体中央，位于胸部和肚脐之间（见图 b）。慢慢放下杠铃，在此过程中不要让杠铃碰到地面。你也可以正手握杠铃练习这个动作，但许多人觉得正手握不容易用劲儿。

注意：完成俯身划船后，将杠铃放在地上，换成正手来进行罗马尼亚式硬拉和这个动作组中的其他练习。

a

b

2 罗马尼亚式硬拉

直立站姿，双脚分开，与髋同宽。双手握住杠铃，置于大腿前，手臂伸直（见图 c）。保持后背挺直，臀部向后翘起，身体前屈，保持膝关节弯曲 15~20 度（见图 d）。当身体前屈的时候，向后提臀，不要晃动后背。当躯干与地面大致平行或杠铃片轻触到地面时，向前（杠铃方向）带动臀部，反向运动直至回到初始位置。

c

d

3 高翻

双脚分开站立，约与肩同宽。双手握杠铃，握距比肩稍宽。稍稍弯曲髋关节，将杠铃放在大腿上，运用爆发力提臀（见图 e），同时将杠铃向上举（见图 f）。当杠铃到达肩部位置（见图 g）时，在杠下迅速翻转肘关节，并在胸部上方接住杠铃（见图 h）。

4 头上推举

双脚分开站立，与肩同宽。双手握杠铃，握距比肩稍宽（见图i）。膝关节稍稍弯曲（见图j），然后快速反向运动，运用爆发力将杠铃举到头上方，双臂和双腿要协调（见图k）。当杠铃完全位于头部上方时，慢慢反向运动，将杠铃放在地上，完成完整的一个动作。

5 前蹲

将杠铃放在胸部上方，肘部向前伸直，与地面平行（见图 l）。深蹲，尽量往下降低身体，同时保持对膝盖的最佳控制，脊柱呈一条线（见图 m）。反向运动，站起身，重复这个动作。

l

m

罗马尼亚式硬拉·高翻·前蹲·头上推举·负重躬身·反式箭步蹲·杠铃负重提踵

1 罗马尼亚式硬拉

直立站姿，双脚分开，与髋同宽。双手握住杠铃，置于大腿前，手臂伸直（见图a）。保持后背挺直，臀部向后翘起，身体前屈，保持膝关节弯曲15~20度（见图b）。当身体前屈时，向后提臀，不要晃动背部。当躯干与地面大致平行或杠铃片轻触地面时，向前（杠铃方向）带动臀部，反向运动直至回到初始位置。

a

b

2 高翻

双脚分开站立，约与肩同宽。双手握杠铃，握距比肩稍宽。稍稍翘起臀部，将杠铃放在大腿上（见图c），运用爆发力提臀，同时将杠铃向上举（见图d）。当杠铃到达肩部位置（见图e）时，在杠下迅速翻转肘关节，并在胸部上方接住杠铃（见图f）。

c

d

3 前蹲

将杠铃放在胸部上方，肘部向前伸直，与地面平行（见图 g）。深蹲，尽量往下降低身体，同时保持对膝盖的最佳控制，脊柱呈 一条线（见图 h）。反向运动，站起身，重复这个动作。

4 头上推举

双脚分开站立，与肩同宽。双手握杠铃，握距比肩稍宽（见图 i）。膝关节稍稍弯曲（见图 j），然后快速反向运动，运用爆发力将杠铃举到头上方，双臂和双腿要协调（见图 k）。当杠铃完全位于头部上方时，慢慢反向运动，将杠铃放在地上，完成完整的一组动作。
注意：完成最后一次头上推举后，降低杠铃，将其放在颈后，为下一个动作“负重躬身”做准备。

i

j

k

5 负重躬身

直立站姿，双脚分开，与髋同宽。将杠铃置于颈后（见图l）。保持后背挺直，臀部向后翘起，身体前屈，保持膝关节弯曲 15~20 度（见图 m）。身体前屈的时候，将臀部往回提，且不要让后背晃动。当躯干与地面大致平行的时候，向前朝杠铃提臀部，反向运动直至回到初始位置，完成一次动作。

l

m

6 反式箭步蹲

直立站姿，双脚分开，与髋同宽。将杠铃放在颈后（见图n）。向后迈一步，降低身体，使膝盖轻轻碰到地面（见图 o）。反向运动，从箭步蹲中站起来，收回向后迈出的那只脚，回到初始位置。然后另一条腿做同样的动作。

n

o

7 杠铃负重提踵

直立站姿，双脚分开，与髋同宽，将杠铃放在颈后（见图p）。同时踮脚尖，尽量高地抬起脚后跟，离开地面，最终脚尖点地（见图q）。慢慢降低身体，直到脚后跟碰到地面，完成一次重复动作。你可以通过在脚掌前部的下方放置一个杠铃片来增加动作的范围。

宽握距罗马尼亚式硬拉 · 高拉 · 前蹲 · 头上推举 · 负重躬身 · 反式箭步蹲 · 耸肩 · 俯身划船

1 宽握距罗马尼亚式硬拉

双脚分开，约与髋同宽。双手握杠铃，置于大腿前，手臂伸直，双手比肩宽约12厘米处（见图a）。保持后背挺直，臀部向后翘起，身体前屈并保持膝关节呈20度（见图b）。当身体前屈的时候，向后提臀部，不要晃动背部。当躯干与地面大致平行或杠铃片轻触地面时，向杠铃方向带动臀部。反向运动，直至回到初始位置，完成一次动作。

2 高拉

膝关节稍稍弯曲，身体前屈，将杠铃放在大腿上（见图c）。运用爆发力挺身，将杠铃向上拉，手臂和腿同时用力，直至肘部与肩齐高（见图d）。然后放低杠铃至腿上，控制好身体，开始下一次重复练习。

3 前蹲

将杠铃放在胸部上方，肘部向前伸直，与地面平行（见图 e）。深蹲，尽量往下降低身体，同时保持对膝盖的最佳控制，脊柱呈一条线（见图 f）。反向运动，站起身，重复这个动作。

4 头上推举

双脚分开站立，与肩同宽。双手握杠铃，握距比肩稍宽（见图 g）。膝关节稍稍弯曲（见图 h），然后快速反向运动，运用爆发力将杠铃举到头上方，双臂和双腿要协调（见图 i）。当杠铃完全位于头部上方时，慢慢反向运动，将杠铃放在地上，完成完整的一组动作。

注意：完成最后一次头上推举后，降低杠铃，将其放在颈后，为下一个动作"负重躬身"做准备。

5 负重躬身

直立站姿，双脚分开，与髋同宽。将杠铃置于颈后（见图j）。保持后背挺直，臀部向后翘起，身体前屈，保持膝关节弯曲15~20度（见图k）。身体前屈的时候，将臀部往回提，且不要让后背晃动。当躯干与地面大致平行的时候，向前朝杠铃提臀部，反向运动直至回到初始位置，完成一次动作。

j

k

6 反式箭步蹲

直立站姿，双脚分开，与髋同宽。将杠铃放在颈后（见图l）。向后迈一步，降低身体，使膝盖轻轻碰到地面（见图m）。反向运动，从箭步蹲中站起来，收回向后迈出的那只脚，回到初始位置。然后另一条腿做同样的动作。
注意：完成箭步蹲的最后一次重复后，将杠铃从肩上提起，双臂和双脚协调用力，把杠铃放在身前。放低杠铃，把杠铃放在大腿前，为“耸肩”动作做准备。

l

m

7 耸肩

直立站姿，双脚分开，与髋同宽。双手握杠铃，置于大腿前，握距稍稍比肩宽（见图 n）。向上方耸肩膀，就像要碰到耳朵（见图 o）。然后降低杠铃至初始位置，完成一次动作。练习时一定要保持双臂伸直。

注意：完成耸肩后，将杠铃放在地上，换成反手握，做下一个练习“俯身划船”。

n

o

8 俯身划船

双脚分开站立，约与髋同宽。反手握杠铃，握距比肩稍宽。弯腰，臀部翘起，保持后背挺直，以使躯干与地面平行，且膝关节弯曲 15~20 度（见图 p）。向上拉起杠铃，至躯干中央，位于胸部和肚脐之间（见图 q）。慢慢放下杠铃，在此过程中不要让杠铃碰到地面。你也可以正手握杠铃练习这个动作，但许多人觉得正手握不容易用劲儿。

p

q

角度杠铃复合训练

以下的复合训练，需要将杠铃固定在角落或是把杠铃的一端插入设备中，握住杠铃的另一端。这些角度杠铃复合练习不仅是加速新陈代谢、给常规训练增加新的有挑战性的代谢力量练习的好方法，而且在健身房肯定也会让那些自认为无所不知的人大为惊叹。

角度反式箭步蹲 · 角度肩到肩推举 · 角度硬拉到高翻

1 角度反式箭步蹲

杠铃放在身前，采用直立站姿，双脚分开，与髋同宽。双手握住杠铃的另一端，一只手叠放在另一只手上，将杠铃靠在胸部中央（见图 a1 和图 a2）。左脚向后迈一步，身体降低，使膝盖轻轻触碰到地面（见图 b）。反向运动，从箭步蹲站起身，向前收左腿，回到初始位置。另一条腿做同样的动作。

a1

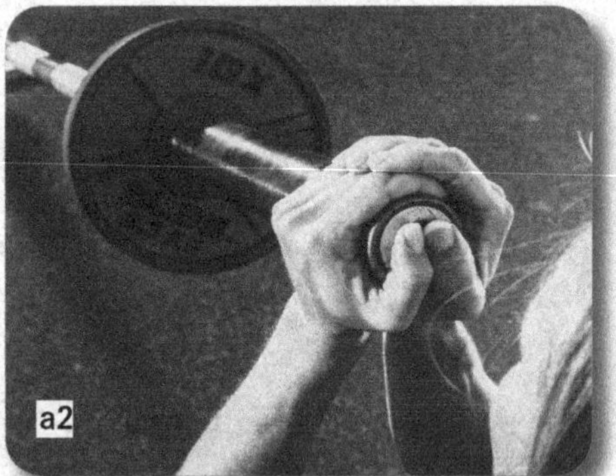
a2

b

2 角度肩到肩推举

直立站姿，双脚平行分开，比肩稍宽。双手握住杠铃的一端，一只手叠放在另一只手上，将杠铃的末端放在左肩前（见图c）。向外将杠铃推离你的身体，当双臂伸直时，杠铃刚好与身体的中部在一条直线上（见图d）。慢慢反向运动，放低杠铃于右肩上（见图e）。再一次将杠铃向外推离你的身体，最终位于身体中央。在这个练习过程中，一定不要转动肩部和臀部。

c
d
e

3 角度硬拉到高翻

双脚分开站立，与肩同宽，站在装有杠铃片的一端（杠铃片安装在杠铃的一端），并使杠铃的这一端离右脚内侧最近（见图 f_1）。抓起装有杠铃片的一端，右手正握，左手反握（见图 f_2）。降低身体，采用硬拉的姿势，膝关节弯曲，臀部向后翘起，身体前屈并保持后背挺直（见图 g）。站起身，将杠铃抬离地面，同时运用爆发力朝前方杠铃的方向提臀。用双臂将杠铃拉到右肩，使杠铃的末端位于胸前，而肘部在杠铃下方（见图 h）。做完一侧的所有重复动作之后，换另一侧做相同的练习。

角度反式箭步蹲到单臂推举·角度硬拉到高翻、旋转推举·角度单臂划船

1 角度反式箭步蹲到单臂推举

直立站姿，面向杠铃，双脚分开，与髋同宽。右手握杠铃的末端，肘关节弯曲，使杠铃位于肩部位置（见图a）。右腿向后迈一步做反式箭步蹲，使右膝盖轻轻触碰到地面（见图b）。反向运动，向前收回右腿，同时向外推杠铃，使之离开你的身体，在这个过程中保持杠铃与右肩在一条直线上（见图c）。练习的最终姿势是，你的右臂与身体平行，且右臂完全伸直。在另一侧重复这个动作时，将杠铃换到左手中，弯曲手臂，慢慢让杠铃降低至左肩，同时向后迈左腿，做反式箭步蹲。身体一侧的重复动作做完之后，换另一侧做同样的练习。

2 角度硬拉到高翻、旋转推举

双脚分开站立，约比肩宽，站在装有杠铃片的一端（杠铃片安装在杠铃的一端），并使杠铃的这一端离右脚内侧最近（见图 d1）。抓起装有杠铃片的一端，右手正握，左手反握（见图 d2）。降低身体，采用硬拉的姿势，膝关节弯曲，臀部向后翘起，身体前屈并保持后背挺直（见图 e）。站起身，将杠铃抬离地面，同时运用爆发力朝前方杠铃的方向提臂。用双臂将杠铃拉到左肩，使杠铃的末端位于胸前，而肘部在杠铃下方（见图 f）。接着伸直双臂，将杠铃向外推，同时朝固定杠铃的方向旋转身体（臀部和躯干）（见图 g 和图 h)。慢慢反向运动，首先将杠铃降到胸前，然后放在地上，完成一次动作。做完一侧的所有重复动作之后，换另一侧做相同的练习。

3 角度单臂划船

双脚分开，与髋同宽。与杠铃平行站立，使杠铃的一端位于右脚前（见图 i1）（或者你可以垂直于杠铃站立来做有角度的划船动作）。稍稍弯曲膝关节，臀部向后翘起，身体前屈，同时保持后背挺直。右手抓住杠铃的末端（见图 i2）。做单臂划船动作，右手向身体右侧拉杠铃，保持肘关节指向天花板（见图 j）。当肘关节与右肩平行时，反向运动，慢慢放下杠铃，直到肘部伸直。身体一侧的重复动作做完之后，换另一侧。

哑铃复合训练

在下面的哑铃复合训练中，有许多强调的是身体一侧的练习。正如前面讨论过的，身体一侧的练习自动激活核心肌肉组织，以保持你的身体姿势和位置来控制抵消负荷。此外，身体一侧的力量训练练习还能保证身体两侧得到同等的锻炼。这一点很有价值，因为身体的一边比另一边强壮的现象非常普遍。通过身体一侧的练习，虚弱的一侧被迫得到锻炼，可提高相对于另一侧的力量。

上勾拳 · 深蹲到罗马尼亚式硬拉 · 自由站姿单臂划船

1 上勾拳

直立站姿，双脚分开，约与肩同宽。双手各握一只哑铃，置于肩部前方（见图a）。向上推举一只哑铃，同时身体向着另一只哑铃的方向转动（见图b）。反过来进行一次，推举另一只哑铃并向相反的方向转动身体。在这个练习中，为了更好地转动臀部，转身时脚跟要离开地面。

2 深蹲到罗马尼亚式硬拉

直立站姿，双脚分开，与髋同宽，脚趾尖向前。双手握哑铃，悬垂于髋部（见图c）。深蹲，弯曲膝关节，向后呈坐姿（见图d）。尽可能地降低身体，在此过程中不要晃动背部。深蹲时一定不要让脚后跟离开地面，也不要让膝关节向身体的中线靠近。身体再一次站直，

将哑铃放在大腿前（见图 e）。保持后背挺直，臀部向后翘起，身体向前弯向地面，保持膝关节弯曲 15~20 度（见图 f）。当身体前屈的时候，向后提臀部，不要晃动背部。当躯干与地面大致平行或哑铃轻触到地面时，向哑铃方向提臀部，反向运动直至回到初始位置。

e

f

3 自由站姿单臂划船

分开腿站立，右腿在前、左腿在后，膝关节稍稍弯曲。左手握杠铃，臀部向后翘起，保持后背挺直，以使躯干与地面平行（见图 g）。向上朝着自己的身体拉哑铃，在此过程中不要转动肩部和臀部。在手臂向上的过程中，尽量保持肩部与身体处于同一水平线（即肩膀尽量往后）（见图 h）。练习过程中，一定要保持脊柱稳定，后背挺直。慢慢向地面放下哑铃，但不要让哑铃碰到地面。在另一侧重复这个动作。

g

h

俯身划船 · 单腿罗马尼亚式硬拉 · 前蹲 · 俯卧撑到平板支撑划船

1 俯身划船

双脚分开站立，约与髋同宽。双手对握，即掌心相对，各握一只哑铃，并保持手略比肩宽。弯腰，臀部翘起，保持后背挺直，以使躯干与地面平行，且膝关节弯曲 15~20 度（见图 a）。沿体侧向上拉起哑铃，至肚脐位置（见图 b）。慢慢放下哑铃，直到伸直手臂，完成一组动作。

2 单腿罗马尼亚式硬拉

单腿站立，双手握哑铃（见图 c）。保持后背和手臂伸直，臀部向后翘起，身体前屈，在这个过程中保持负重的腿膝关节弯曲 15~20 度（见图 d）。前屈时，抬起不负重的那条腿，让它与躯干保持在一条直线上，在这个过程中不要晃动背部。在最低位置（当你的躯干与地面大致平行时），一定要保证臀部平直，不要晃动。当躯干和不负重的腿与地面大致平行时，反向运动，带动臀部，再一次站直，完成一次动作。每次重复动作时换腿。

注意：做完单腿罗马尼亚式硬拉的最后一个重复动作后，借助双腿的力量，将哑铃提至肩部，为前蹲做准备。

3 前蹲

直立站姿，双脚分开，与肩同宽。双手握哑铃，放在肩上，肘部位于哑铃手柄的正下方（见图 e）。尽量往下深蹲，弯曲膝关节，呈后坐坐姿，在这个过程中不要让脚后跟抬离地面，也不要让背部晃动（见图 f）。反向运动，回到直立站姿。

4 俯卧撑到平板支撑划船

采用俯卧撑平板姿势，双手分别握住位于肩部正下方的哑铃的手柄（见图 g）。做俯卧撑，向地面降低身体，同时保持整个过程中肘关节都位于手腕的正上方（见图 h)。当肋骨碰到哑铃时，反向运动，向上撑起身体（见图 i）。任何时候都不要让头部和臀部下沉。在做俯卧撑的最高位置，将左手的哑铃拉向身体，直到碰到肋骨（见图 j）。慢慢把哑铃放到地上，用同样的方式拉右手的哑铃。向上拉哑铃时，尽可能保持躯干稳定；任何时候都不要转动臀部。

自由站姿单臂划船 · 手提箱式深蹲 · 单臂头上推举

在这个复合训练中，所有的练习动作都先在身体的一侧完成，然后换另一侧进行。下面就是这个复合训练的练习动作。

1 自由站姿单臂划船

分开腿站立，右腿在前，左腿在后，膝关节稍稍弯曲。左手握哑铃，臀部向后翘起，保持后背挺直，以使躯干与地面平行（见图a）。向上朝着你的身体拉哑铃，在此过程中不要转动肩部和臀部。在手臂向上的过程中，一定要用可控的方式将肩胛骨也拉向身体（见图b）。在练习过程中，一定要保持脊柱稳定、后背挺直。慢慢向地面放下哑铃，但不要让哑铃碰到地面。在另一侧重复这个动作。

2 手提箱式深蹲

直立站姿，双脚分开，与髋同宽，脚尖朝前。单手握哑铃，悬垂于髋部（见图c）。深蹲，弯曲膝关节，呈后坐坐姿（见图d）。向地面降低身体，在这个过程中背部不要晃动。下蹲时，不要让脚后跟抬离地面，也不要让膝关节向身体的中线靠近。膝关节要与脚趾保持同一个方向。

注意：完成手提箱式深蹲的最后一个重复动作之后，将哑铃提到肩前，为“单臂头上推举”做准备。

3 单臂头上推举

直立站姿，双脚分开，与肩同宽。左手握哑铃，放在肩部位置，而左边的肘关节位于哑铃手柄的正下方（见图e）。稍稍弯曲膝关节（见图f），运用双腿的爆发力向上，同时用左臂将哑铃举到头上方（见图g）。慢慢降低哑铃，放回到肩上，完成一组动作。

单臂上勾拳·哑铃肩部反式箭步蹲·单臂摆举·单腿单臂哑铃罗马尼亚式硬拉

这个复合训练要求先在身体的一侧完成所有的哑铃练习，然后再换另一侧进行。下面就是这个复合训练的练习动作。

1 单臂上勾拳

直立站姿，双脚分开，约与肩同宽。单手握哑铃，置于肩部前方（见图a）。向上推举哑铃，同时身体向不握哑铃的一侧转动（见图b）。在这个练习中，为了更好地转动臀部，转身时脚跟要离开地面。

2 哑铃肩部反式箭步蹲

双脚分开站立，与髋同宽，左手握哑铃，放在左肩上（见图c）。左脚向后退一步，降低身体，使膝关节轻触地面（见图d）。反向运动，起身，左脚向前回到初始位置。

3 单臂摆举

e

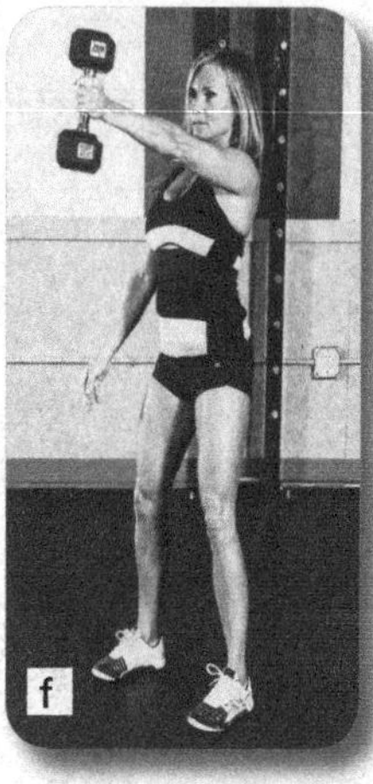

f

双脚分开，约与髋同宽。单手握哑铃。保持后背和手臂伸直，在两腿之间摆动哑铃，就像摆动橄榄球一般。臀部向后翘起，身体前屈并保持膝关节弯曲15~20度（见图e）。当前臂碰到同侧的大腿时，运用爆发力反向运动，同时带动臀部向前，并且向上摆举哑铃至眼睛的高度，完成一组动作（见图f）。

身体前屈时，确保向后提臀，并且不要让背部晃动。同时，每次摆动到最低点时，让前臂触碰到手臂同侧的大腿内部。通过强调下肢腿部和臀部肌肉组织强有力的参与，而不是简单地用手臂提哑铃，能够保证动作的正确性。

4 单腿单臂哑铃罗马尼亚式硬拉

右腿站立，左手握哑铃（见图g）。保持后背和左臂伸直，臀部向后翘起，身体前屈，并保持右腿膝关节弯曲15~20度（见图h）。身体前屈时，向上抬左腿，使之与躯干保持在一条直线上，不要晃动背部。在最低位置时（当你的躯干与地面大致平行时），一定要保持臀部的平稳，不要转动臀部。当你的躯干和左腿与地面大致平行的时候，带动臀部向前，再次站直，完成一次动作。

g

h

深蹲跳 · 俯卧撑到平板支撑划船 · 双臂摆举 · 上勾拳 · 俯身划船

1 深蹲跳

双脚分开，约与肩同宽。直立站姿，双手握哑铃，放在髋部外侧。下蹲，使大腿与地面平行，或比这个位置稍低，在这个过程中不要晃动背部（见图a）。伸腿，运用爆发力向上跳起（见图b）。尽量轻轻地、安静地落地并再次处于深蹲姿势。每次深蹲下去时确保膝盖与脚趾在一条线上；任何时候膝盖都不要相互靠近。

2 俯卧撑到平板支撑划船

采用俯卧撑平板姿势，双手分别握住位于肩部正下方的哑铃的手柄（见图c）。做俯卧撑，向地面降低身体，同时保持整个过程中肘关节都位于手腕的正上方（见图d)。当肋骨碰到哑铃时，反向运动，向上撑起身体（见图e）。任何时候都不要让头部和臀部下沉。在做俯卧撑的最高位置，将左手的哑铃拉向身体，直到碰到肋骨（见图f）。慢慢把哑铃放到地上，用同样的方式拉右手的哑铃。向上拉哑铃时，保证躯干稳定；任何时候都不要转动臀部。

3 双臂摆举

双脚分开，约与髋同宽，双手各握一只哑铃。保持后背和手臂伸直，在两腿之间摆动哑铃，就像摆动橄榄球一般。臀部向后翘起，身体前屈并保持膝关节弯曲 15~20 度（见图 g）。当前臂碰到两侧的大腿时，运用爆发力反向运动，同时带动臀部向前，并且向上摆动哑铃至眼睛的高度，完成一组动作（见图 h）。

身体前屈时，保证向后提臀，并且不要让背部晃动。同时，每次摆动到最低点时，让前臂触碰到手臂同侧的大腿内部。通过强调下肢腿部和臀部肌肉组织强有力的参与，而不是简单地用手臂提哑铃，能够保证动作的正确性。做最后一次重复动作时，向上摆举哑铃至肩部位置，为下一个练习做准备。

4 上勾拳

直立站姿，双脚分开，约与肩同宽。双手各握一只哑铃，置于肩部前方（见图 i）。向上推举一只哑铃，同时身体向着另一只哑铃的方向转动（见图 j）。反过来进行一次，推举另一只哑铃并向相反的方向转动身体。在这个练习中，为了更好地转动臀部，转身时脚跟要离开地面。

5 俯身划船

双脚分开站立，约与髋同宽。双手各握一只哑铃，采用对握方式，使掌心相对，两手分开，距离比肩稍宽。臀部向后翘起，身体前屈，保持背部挺直，以使躯干与地面平行，且膝关节弯曲 15~20 度（见图 k）。向上拉起哑铃，至肚脐高度（见图 l）。慢慢放下哑铃，直到手臂伸直，完成一组动作。

前蹲·上勾拳·双臂摆举·俯卧撑到平板支撑划船·土耳其起立

1 前蹲

双脚分开，与肩同宽。双手各握一只哑铃，放在肩上，肘部位于哑铃手柄的正下方（见图a）。尽可能地往下蹲，弯曲膝关节，向后呈坐姿。在这个过程中不要让脚后跟抬离地面，也不要晃动背部（见图b）。反向运动，回到初始位置。

2 上勾拳

直立站姿，双脚分开，约与肩同宽。双手各握一只哑铃，置于肩部前方（见图c）。向上推举一只哑铃，同时身体向着另一只哑铃的方向转动（见图d）。反过来进行一次，推举另一只哑铃并向相反的方向转动身体。在这个练习中，为了更好地转动臀部，转身时脚跟要离开地面。

3 双臂摆举

双脚分开，约与髋同宽，双手各握一只哑铃。保持后背和手臂伸直，在两腿之间摆动哑铃，就像摆动橄榄球一般。臀部向后翘起，身体前屈，并保持膝关节弯曲15~20度（见图e）。当前臂碰到两侧的大腿时，运用爆发力反向运动，同时带动臀部向前，并且向上摆动哑铃至眼睛的高度，完成一组动作（见图f）。

身体前屈时，保证向后提臀，并且不要让背部晃动。同时，每次摆动到最低点时，让前臂触碰到手臂同侧的大腿内部。通过强调下肢腿部和臀部肌肉组织强有力的参与，而不是简单地用手臂提哑铃，能够保证动作的正确性。

4 俯卧撑到平板支撑划船

采用俯卧撑平板姿势，双手分别握住位于肩部正下方的哑铃的手柄（见图g）。做俯卧撑，向地面降低身体，同时保持整个过程中肘关节都位于手腕的正上方（见图h)。当肋骨碰到哑铃时，反向运动，向上撑起身体（见图i）。任何时候都不要让头部和臀部下沉。在做俯卧撑的最高位置，将左手的哑铃拉向身体，直到碰到肋骨（见图j）。慢慢把哑铃放到地上，用同样的方式拉右手的哑铃。向上拉哑铃时，确保躯干稳定；任何时候都不要转动臀部。
注意：完成所有的重复动作后，将一只哑铃放到一边，手握另一只哑铃，为下一个练习“土耳其起立”做准备。

5 土耳其起立

尽管“土耳其起立”只有一个名称，但实际上它是由一些握哑铃（或壶铃）就可以完成的动作组合而成。如果你从未做过土耳其起立，那么做好准备，这个动作不同于其他任何练习。仰卧在地上，左手握一只哑铃（或壶铃）。向肩部的正上方伸出你的手臂，并弯曲左膝（见图k）。以右肘为支点旋转身体，保持左臂垂直（见图l）。然后伸直右肘坐起来（见图m）。抬起臀部（见图n），并使右腿滑到你的身体下面（见图o）。右膝触地，同时继续保持左臂伸直和稳定（见图p）。然后抬起躯干，使躯干垂直于地面（见图q）。最终从半膝跪

m

n

o

p

q

r

地的姿势站起来（见图r）。然后慢慢地一步一步反向运动，直至回到起始位置，完成一次动作。 在另一侧重复该动作。注意，你可以每重复一次动作就换手，或者每重复两次、三次甚至四次再换——练习时为了维持最佳的强度和控制力，只要你感觉有必要即可。

上勾拳 · 反式箭步蹲 · 高拉 · 单腿罗马尼亚式硬拉

1 上勾拳

直立站姿，双脚分开，约与肩同宽。双手各握一只哑铃，置于肩部前方（见图a）。向上推举一只哑铃，同时身体向着另一只哑铃的方向转动（见图b）。反过来进行一次，推举另一只哑铃并向相反的方向转动身体。在这个练习中，为了更好地转动臀部，转身时脚跟要离开地面。

2 反式箭步蹲

直立站姿，双脚分开，与髋同宽。双手各握一只哑铃，悬垂于身体两侧（见图c）。左腿向后迈步，降低身体使膝关节轻触地面（见图d）。反向运动，起身，左脚向前回到初始位置。每次重复动作时需换腿。

3 高拉

双脚分开站立，与髋同宽。双手各握一只哑铃。臀部向后翘起，向前屈身，膝关节稍稍弯曲（见图e）。使用爆发力向上提臀，膝盖伸直，同时将哑铃向上提，保持肘关节向上提（见图f）。当哑铃到达胸部的高度，放下哑铃回到初始位置。

4 单腿罗马尼亚式硬拉

单腿站立，双手握哑铃（见图g）。保持后背和手臂伸直，臀部向后翘起，朝地面前屈身体，在这个过程中保持右腿膝盖弯曲15~20度（见图h）。前屈时，抬起左腿，让它与躯干保持在一条直线上，在这个过程中不要晃动背部。在最低位置（当你的躯干与地面大致平行时），一定要保证臀部平直，不要转动。当躯干和左腿与地面大致平行时，反向运动，带动臀部向前，再一次站直，完成一次动作。每次重复动作时换腿。

壶铃练习

很久之前，人们就开始用壶铃锻炼身体了。在现今的健身训练中，壶铃再次兴起是有充分原因的。壶铃是一种多功能的器械，可以应用于特殊的练习中，很好地与杠铃、哑铃、阻力带、自重训练等其他锻炼形式互相补充。壶铃设计之美就在于，它能够使一个练习连贯顺畅地过渡到下一个练习，你将在接下来的复合练习中看到这一点。建议培养一下壶铃练习的基本能力，尤其是摆翻这样的动作，因为安全、有效地做这些动作需要有一定的基础。

双臂摆举 · 双臂摆翻 · 前蹲 · 双臂头上推举

1 双臂摆举

双脚分开，与髋同宽，双手各握一个壶铃。保持后背和手臂伸直，在两腿之间摆动壶铃，就像摆动橄榄球一般。臀部向后翘起，身体前屈，并保持膝关节弯曲 15~20 度（见图 a）。当前臂碰到两侧的大腿时，运用爆发力反向运动，同时带动臀部向前，并且向上摆动壶铃至眼睛的高度（见图 b），完成一组动作。

身体前屈时，确保向后提臀，并且不要让后背晃动。同时，每次摆动到最低点时，让前臂触碰到手臂同侧的大腿内部。臀部发力，将手臂从大腿向前移，摆动哑铃向前，完成每次动作。通过强调下肢腿部和臀部肌肉组织强有力的参与，而不是简单地用手臂提壶铃，能够保证动作的正确性。

2 双臂摆翻

双脚分开站立，距离比肩宽，双手各握一个壶铃。稍稍弯曲膝关节，臀部向后翘起，向前屈身，能够让壶铃在两腿之间摆动（见图 c）。迅速反向运动，向上提臀并举手臂（见图 d）。在壶铃向上的过程中，迅速翻转肘部，使肘关节位于壶铃的正下方，然后放松身体，让身体去接纳举上来的壶铃，尽量多地建立缓冲（见图 e 和图 f）。换句话说，当壶铃摆动到胸前时，可以把壶铃想象成鸡蛋，而你不想打碎它们，尽量轻轻地接纳它们。

3 前蹲

双脚分开，距离比肩稍宽。脚向外打开 10~15 度，将壶铃握于身前，放在胸部和前臂上方（见图 g）。双手应当靠近胸部中间的位置，而肘关节向下指，形成一个三角形。一定要保持直立，挺起胸部，给壶铃提供支撑，而不要试图仅用你的手臂来举。弯曲膝关节，尽量向下降低身体（见图 h）。下蹲时，要保持肘关节的位置不变。脚后跟不要离开地面，且背部要挺直。此外，一定要把膝盖打开，让膝盖与脚趾处于同一个方向，膝关节不要向着身体的中线内翻。当你深蹲到最低位置时，反向运动，站起来。

4 双臂头上推举

双脚分开，与肩同宽，双手分别握一个壶铃，使壶铃位于肩部外侧一点的位置，并且将壶铃放在胸部和前臂上方（见图 i）。双手应当靠近胸部中间的位置，而肘关节向下指，形成一个三角形。稍稍弯曲膝关节（见图 j），然后迅速反向运动，运用爆发力将壶铃举到头上方，手臂和腿要协调，最后掌心相对（见图 k）。当壶铃完全位于头的上方时，慢慢反向运动，放下壶铃，回到初始位置。

双臂头上推举·壶铃肩部反式箭步蹲·双臂摆举·俯身划船

1 双臂头上推举

双脚分开，与肩同宽，双手分别握一个壶铃，使壶铃位于肩部外侧一点的位置，并且将壶铃放在胸部和前臂上方（见图 a）。双手应当靠近胸部中间的位置，而肘关节向下指，形成一个三角形。稍稍弯曲膝关节（见图 b），然后迅速反向运动，运用爆发力将壶铃举到头上方，手臂和腿要协调，最后掌心相对（见图 c）。当壶铃完全位于头的上方时，慢慢反向运动，放下壶铃，回到初始位置。

2 壶铃肩部反式箭步蹲

双脚分开站立，与髋同宽。双手各握一个壶铃，将壶铃放在胸部和前臂上方（见图d）。双手应当靠近胸部中间的位置，而肘关节向下指，类似一个三角形。左脚向后退一步，降低身体，使膝盖轻触地面（见图e）。反向运动，起身，左脚向前回到初始位置。换腿，重复该动作。

3 双臂摆举

双脚分开，与髋同宽，双手各握一个壶铃。保持背部和手臂伸直，在两腿之间摆动壶铃，就像摆动橄榄球一般。臀部向后翘起，身体前屈并保持膝关节弯曲15~20度（见图f）。当前臂碰到两侧的大腿时，利用爆发力反向运动，同时将臀部向前提（见图g），并且向上摆动壶铃至眼睛的高度，完成一次动作。

身体前屈时，保证向后提臀，并且不要让背部晃动。同时，每次摆动到最低点时，让前臂触碰到手臂同侧的大腿内部。臀部发力，将手臂从大腿向前移摆动哑铃向前完成每次动作。通过强调下肢腿部和臀部肌肉组织强有力的参与，而不是简单地用手臂提提壶铃，能够保证动作的正确性。

4 俯身划船

双脚分开站立，约与髋同宽。双手对握，即掌心相对，各握一只壶铃，略比肩宽。弯腰，臀部翘起，保持背部挺直，以使躯干与地面平行，且膝关节弯曲 15~20 度（见图 h）。沿身体一侧向上拉起壶铃，至肚脐（见图 i）。慢慢放下壶铃，直到伸直手臂，完成一组动作。

杠铃片复合练习

接下来的复合练习需要你手握 11 千克、15 千克或 20 千克的奥林匹克杠铃片，这是健身房最常见的传统杠铃片。这个复合练习很特殊，因为它包括了全身的动作，与前面讲到的动作都不同。下面的这个复合练习动态性强，需要很强的协调能力和运动能力。

对角劈·中劈·侧弓步

1 对角劈

下蹲，转动臀部和躯干，握杠铃片于左膝外侧（见图a）。站起身的同时转动身体到右侧，握住杠铃片从左下方到右上方穿过身体，最终到达头部的右上方（见图b）。做这个动作时，要顺畅、有节奏。每次重复这个动作时，在举杠铃片和放下杠铃片的过程中，上肢和下肢要协调。一侧的重复动作完成后，换另一侧进行。

2 中劈

这个练习做起来实际上与甩摆完全相同，除了一点，就是最终要把杠铃片举到头上方而不是眼睛的高度。下蹲，将杠铃片握于两腿之间（见图c）。站起身，同时向上举杠铃片，最终将它举在头顶（见图d）。每次重复这个动作时，在举杠铃片和放下杠铃片的过程中，上肢和下肢要协调。

3 侧弓步

直立站姿，双手握杠铃片于胸前，双脚分开，与髋同宽（见图e）。向左迈3~4步，约1米，尽量往下蹲，同时保持身体平衡，右腿伸直且双脚稳稳地踩在地面上（见图f）。反向运动，收回左腿，双脚合并。伸右腿，重复该动作。

混合移动中的复合练习

前面讲到的复合练习，是在一个地点进行的。除此之外，有的复合练习还需要进行移动，负重练习（位置不变）和移动的练习（位置改变，需要在房间走动）交替进行。下面是两个需要移动的复合练习：农夫行走和杠铃片前推。

农夫行走复合练习

农夫行走复合练习是一系列的哑铃练习，中间夹有几组携带哑铃行走的动作。反复（即循环）做这组复合练习，直到一个复合练习中的所有动作都完成后才能休息。

这里有两种农夫行走复合练习——一种是在单侧进行的，一种是在双侧进行的。两种农夫行走复合练习都需要两套哑铃。在每个复合练习中，农夫行走需要使用重哑铃，其余动作使用轻哑铃。轻哑铃的重量应当是你使用的重哑铃重量的50%~65%。例如，如果你使用的重哑铃是36千克，那么轻哑铃的重量应当是20千克左右。

开始复合练习前，相距20~40米各放置一个桩杯。手持哑铃站在一侧。做复合练习中的农夫行走动作时，在两个桩杯间来回行走（单程在20~25米）。因此，如果力量训练区没有足够自由的空间，那么把哑铃带到健身房的大厅，或者如果天气不错的话就去外面做。

下面是一组复合训练动作。双侧的农夫行走复合练习，做3~5组，每组之间休息2~3分钟。单侧的农夫行走复合练习，每侧做2~3组（总共4~6组），做完一侧的动作后休息1~2分钟。不管你做的是单侧还是双侧的练习，步幅要大，且步速要快，但不要失去控制。

双侧农夫行走复合练习

1 农夫行走

站在一个桩杯附近，双手分别握一只重哑铃，悬于身体两侧，掌心向内，哑铃放在髋部或肩部两侧均可（见图 a，哑铃放在髋部两侧）。向着另一个桩杯走去，然后回到起始位置，行走中保持哑铃处于原来的位置，同时后背保持挺直（见图 b）。

2 俯身划船

双脚分开站立，约与髋同宽。双手对握，即掌心相对，各握一只轻哑铃，比肩略宽。弯腰，臀部翘起，保持后背挺直，以使躯干与地面平行，且膝关节弯曲 15~20 度（见图 c）。沿体侧向上拉起哑铃，至肚脐位置（见图 d）。慢慢放下哑铃，直到伸直手臂，完成一次动作。总共重复 6~8 次。

3 农夫行走

如刚才所讲，站在一个桩杯附近，双手分别握一只重哑铃，悬于身体两侧，掌心向内，哑铃放在髋部或肩部两侧均可。向着另一个桩杯走去，然后回到起始位置，行走中保持哑铃处于原来的位置，同时后背保持挺直。

4 头上推举

双脚分开，约与肩同宽。双手各握一只轻哑铃，放在肩上（见图e）。向上举哑铃，尽可能地保持躯干稳定（见图f）。慢慢放下哑铃，回到肩上，完成一次动作。总共重复6~8次。

5 农夫行走

如刚才所讲，站在一个桩杯附近，双手分别握一只重哑铃，放于身体两侧，掌心向内，哑铃放在髋部或肩部两侧均可。向着另一个桩杯走去，然后回到起始位置，保持哑铃在行走中处于原来的位置，同时后背保持挺直。

6 前蹲

双脚分开，与肩同宽。双手各握一只轻哑铃，放在肩部，肘部位于哑铃手柄的正下方（见图g）。尽可能地往下蹲，弯曲膝关节，呈后坐坐姿（见图h）。在这个过程中不要让脚后跟抬离地面，也不要晃动下背。反向运动，回到初始位置，完成一次动作。总共重复8~10次。

7 农夫行走

如刚才所讲，站在一个桩杯附近，双手分别握一只重哑铃，悬于身体两侧，掌心向内，哑铃放在髋部或肩部两侧均可。向着另一个桩杯走去，然后回到起始位置，行走中保持哑铃处于原来的位置，同时后背保持挺直。

单侧农夫行走复合练习

这个复合练习与双侧的农夫行走练习是完全一样的，只有一点不同：单侧农夫行走只在一侧进行，首先在身体左侧负重行走，然后换到身体右侧重复动作。下面就是这个复合练习的练习动作。

1 单臂农夫行走

站在一个桩杯附近，一只手握重哑铃，悬于身体一侧，掌心向内，哑铃放在髋部或肩部均可（见图 a，哑铃放在髋部）。向着另一个桩杯走去，然后回到起始位置，行走中保持哑铃处于原来的位置，同时后背保持挺直（见图 b）。

2 自由站姿单臂划船

分开腿站立，右腿在前、左腿在后，膝关节稍稍弯曲。左手握轻哑铃。臀部向后翘起，保持后背挺直，以使躯干与地面平行（见图 c）。向上朝着你的身体拉哑铃，在此过程中不要转动肩部和臀部。在手臂向上的过程中，一定要用可控的方式将肩胛骨也拉向身体（见图 d）。练习过程中，一定要保持脊柱稳定，后背挺直。慢慢向地面放下哑铃，但不要让哑铃碰到地面，完成一次动作。总共重复 10~12 次。

3 单臂农夫行走

如刚才所讲，站在一个桩杯附近，一只手握重哑铃，放于身体一侧，掌心向内，哑铃放在髋部或肩部均可。向着另一个桩杯走去，然后回到起始位置，保持哑铃处于髋部，同时后背保持挺直。

4 单臂头上推举

双脚分开站立，约与肩同宽。单手握一只轻哑铃，放在肩部（见图e）。向上举哑铃，尽量保持躯干稳定（见图f）。慢慢把哑铃放回肩上。总共重复 10~12 次。

5 单臂农夫行走

如刚才所讲，站在一个桩杯附近，一只手握重哑铃，悬于身体一侧，掌心向内，哑铃放在髋部或肩部均可。向着另一个桩杯走去，然后回到起始位置，保持哑铃处于髋部，同时后背保持挺直。

6 哑铃肩部反式箭步蹲

双脚分开，与髋同宽。左手握一只轻哑铃，放在肩上（见图g）。左脚向后退一步，降低身体，使膝盖轻触地面（见图h）。反向运动，起身，左脚向前回到初始位置。向后伸左腿来完成这些反式箭步蹲。向后退左腿，并用同侧的左手握哑铃，迫使你锻炼左腿。与撤另一侧腿相比，后撤同侧腿使你能更好地保持平衡，且感觉更加自然。重复做10~12次。

7 单臂农夫行走

如刚才所讲，站在一个桩杯附近，一只手握重哑铃，悬于身体一侧，掌心向内，哑铃放在髋部或肩部均可。向着另一个桩杯走去，然后回到起始位置，保持哑铃不变，同时后背保持挺直。

杠铃片前推复合训练

杠铃片前推复合训练需要用到一个20千克的杠铃片和一对哑铃。这是一系列的哑铃练习，其间交替几组杠铃片前推动作。这些复合练习需要来回进行（循环式），中间没有休息，直到一组复合训练中的所有练习都做完才能休息。篮球场或跑道都是进行杠铃片前推的理想场地。

杠铃片前推复合练习 1

下面这组动作，做 2~4 组，每组之间休息 2~4 分钟。下面就是这个复合训练的练习动作。

1 俯身划船

双脚分开站立，约与髋同宽。双手各握一只轻哑铃，采用对握方式，使掌心相对，两手分开，距离比肩稍宽。稳定臀部位置，身体前屈，保持背部挺直，以使躯干与地面平行，且膝关节弯曲 15~20 度（见图 a）。向上拉起杠铃，至肚脐高度（见图 b）。慢慢放下哑铃，直到手臂伸直，完成一次动作。总共重复 6~8 次。

2 杠铃片前推

将一个 10 千克、15 千克或 20 千克的奥林匹克杠铃片放在毛巾上，制作出一个光滑的接触面。还可以在杠铃片上再放上哑铃，进一步增加阻力。双手放在杠铃片中央或是哑铃上，采用俯卧撑姿势。双腿用力，尽可能快地推杠铃片，在篮球场或跑道上推 20~25 米后返回（见图 c 和图 d）。做这个练习时，保持背部挺直，避免臀部高于肩，整个过程要保持手臂和肘关节伸直。此外步子要大，每一步都要用力蹬地。

3 头上推举

直立站姿，双脚分开，约与肩同宽。双手各握一只哑铃，放在肩上（见图e）。向上举哑铃，尽可能地保持躯干稳定（见图f）。慢慢把哑铃放回肩上。

4 杠铃片前推

如前面所讲，在篮球场或者跑道上推 20~25 米后返回。

5 单腿罗马尼亚式硬拉

右腿站立，双手握哑铃（见图g）。保持后背和手臂伸直，臀部向后翘起，朝地面前屈身体，在这个过程中保持右腿膝关节弯曲 15~20 度（见图h）。前屈时，抬起不负重的那条腿，让它与躯干保持在一条直线上，在这个过程中不要晃动背部。在最低位置（当你的躯干与地面大致平行时），一定要保证臀部平直，不要转动臀部。当躯干和不负重的腿与地面大致平行时，反向运动，向前提臀部，再一次站直，完成一次动作。每次重复动作时换腿。总共重复 10~20 次。

6 杠铃片前推

如前面所讲，在篮球场或者跑道上推 20~25 米后返回。

7 俯卧撑到平板支撑划船

采用俯卧撑平板姿势，双手分别握住位于肩部正下方的哑铃的手柄（见图 i）。做俯卧撑，向地面降低身体，同时保持整个过程中肘关节都位于手腕的正上方（见图 j）。当肋骨碰到哑铃时，反向运动，向上撑起身体（见图 k）。任何时候都不要让头部和臀部向地面下沉。在做俯卧撑的最高位置，将左手的哑铃拉向身体，直到碰到肋骨（见图 l）。慢慢把哑铃放到地上，用同样的方式拉右手的哑铃。向上拉哑铃时，躯干尽量保持稳定；任何时候都不要转动臀部。

i

j

k

l

杠铃片前推复合练习 2

1 上勾拳

直立站姿，双脚分开，约与肩同宽。双手各握一只哑铃，置于肩部前侧（见图a）。向上推举一只哑铃，同时身体向着另一只哑铃的方向转动（见图b）。反过来进行一次，推举另一只哑铃并向相反的方向转动身体。在这个练习中，为了更好地转动臀部，转身时脚跟要离开地面。总共重复6~10次。

2 杠铃片前推

将一个10千克、15千克或20千克的奥林匹克杠铃片放在毛巾上，制作出一个光滑的接触面。还可以在杠铃片上再放上哑铃，进一步增加阻力。双手放在杠铃片中央或是哑铃上，采用俯卧撑姿势。双腿用力，尽可能快地推杠铃片，在篮球场或跑道上推20~25米后返回（见图c和图d）。做这个练习时，保持背部挺直，避免臀部高于肩，整个过程要保持手臂和肘关节伸直。此外腿的步子要大，每一步脚尖都要踩地。

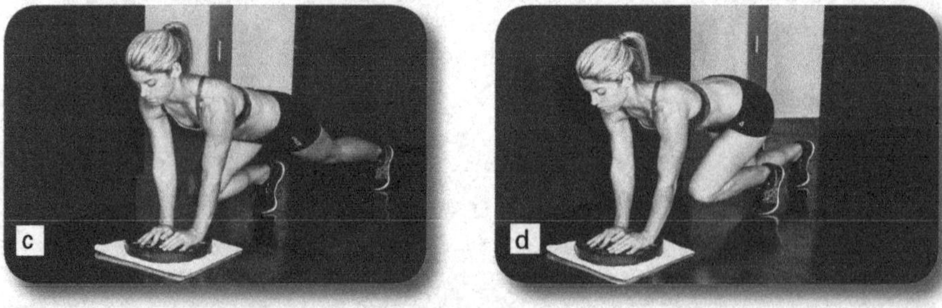

3 高拉

双脚分开站立，与髋同宽。双手各握一只哑铃。臀部向后翘起，身体前屈，膝关节稍稍弯曲（见图 e）。运用爆发力向上提臀，膝盖伸直，同时将哑铃向上提，保持肘关节朝上（见图 f）。当哑铃到达胸部的高度，放下哑铃，回到初始位置。总共重复 6~8 次。

4 杠铃片前推

如前面所讲，在篮球场或者跑道上推 20 米左右后返回。

5 单腿罗马尼亚式硬拉

右腿站立，双手握哑铃（见图 g）。保持后背和手臂伸直，臀部向后翘起，朝地面前屈身体，在这个过程中保持右腿膝关节弯曲 15~20 度（见图 h）。前屈时，抬起不负重的那条腿，让它与躯干保持在一条直线上，在这个过程中不要晃动下背。在最低位置（当你的躯干与地面大致平行时），一定要保证臀部平直，不要转动臀部。当躯干和不负重的腿与地面大致平行时，反向运动，向前提臀，再一次站直，完成一次动作。每次重复动作时换腿。总共重复 10~20 次。

6 杠铃片前推

如前面所讲，在篮球场或者跑道上推 20 米左右后返回。

7 霹雳舞俯卧撑

开始时是采用俯卧撑的姿势，双手和双脚分开，与肩同宽（见图 i）。做俯卧撑，每次重复动作时，在最高点将全身转动到身体左侧，抬右腿，使右膝盖碰到左侧肘关节，同时保持左手触碰下巴（见图 j）。反向运动，再做一次俯卧撑，然后在身体的另一侧重复该动作，让左膝盖去碰右侧肘关节。总共重复 10~20 次。

i

j

本章讲到的代谢力量训练的复合训练和下一章自重训练的训练理念，其美妙之处就在于它们全部经过精心设计，能够让你从一个练习连贯、顺畅地过渡到下一个练习。这不仅使得它们便于记忆，而且使用起来也更加有效，因为在一段短短的时间里，它们将各种动作融合在一起，让你得到大量的高质量训练，这在加速新陈代谢和维持肌肉方面有巨大的效果。

第七章
自重训练

不管你是否办了健身卡，你不可能总能到健身房锻炼。这没关系，因为本章要介绍的练习，能够帮助你甩掉脂肪，同时变得越来越强健，更具运动范儿，而且使用的是有史以来最棒的练习器械——人体本身。这些自重训练将帮助你建立一套顶级的训练计划，快速增强你的力量，并加强你的新陈代谢，而且随时随地，不受场地的限制！

与大众的普遍认识相反，自重训练不仅仅适用于初学者，也不限于俯卧撑和深蹲这样的基本动作。与本书中的其他实用章节一样，这一章的练习包含了从初级到高级的训练实践，对于最优秀的运动员来说也颇具挑战性。你可以学到一些从来没有尝试过的新的自重训练的动作和方法。

自重训练的利弊

从初学者到优秀的运动员，任何人都能从这一章的自重训练中获益。下面列举了自重训练的好处。

节省空间

一个有效的自重训练计划，在电梯大小的空间里就能进行。当你在家、外出或者在拥挤的健身房锻炼时，这一点十分有帮助。别再排队等待器械，别在拥挤的力量训练区挣扎了。有了这些自重训练动作，你的身体就是你的力量训练机！

旅行时也可以锻炼

自重训练对于经常出差的职场人士来说，是一个必不可少的工具。没有地方，没有健身房，都不是问题！

注重自然的运动

自重训练能让你的身体按照自身想要的方式而动，跟随身体最舒适的运动模式。这对于改善身体意识，增强运动能力是有益的。

加强相对身体力量

相对身体力量指的是与自身体重相比你有多强大,以及在没有外力的情况下，你对自身体重的控制力。这也有助于提高运动能力和体育比赛中的身体意识，因为大多数的体育项目，你运用的只是自身的体重，而没有额外的负重。

然而，仅仅进行自重训练是毫无道理的。记住这句话：“用自重训练掌控你的身体，用外在负重掌控你的环境。”换句话讲，如果你可以进行自由力量训练或是可以去健身房的话，不要只进行自重训练。自由力量（例如哑铃、杠铃、阻力带、练习器）提供独特的锻炼效果，各种锻炼形式相互结合，产生的效果比单独使用一种形式要好。

仅进行自重训练不是个好想法，其中另一个原因，是这样严重限制了加强背部（即拉力）肌肉的练习选择。你必须有可以上拉身体的器械，例如引体向上的单杠（即使有单杠，很多初学者也做不了引体向上），或者你必须有可以拉伸的器械，例如弹力大的阻力带。因此，如果你经常在家中或者酒店房间中锻炼，最好的选择就是买一个做引体向上用的单杠放在家中使用，然后买一组质量好的阻力带，既可以在家中使用，也可以在旅行时携带。这些阻力带携带方便，只需要几秒钟就可以系在任何门上或者固定的物体上。阻力带有多种弹力选择，从初等弹力到最大弹力，给自重训练项目增添了大量的有效练习选择，物超所值。（你将在本章的后面看到，我们介绍了许多使用阻力带和悬挂机的拉力练习。）

本章的目的是给你提供可使用的自重训练动作，当你无法去健身房时，使用这些练习就能组合出一个与去健身房锻炼效果相当的训练计划。在本书的训练计划这一章，你将发现，一些计划将本章介绍的许多自重训练动作同其他章节中使用器械的动作相结合，目的就是使训练计划更加综合、有趣和全面。当你没有办法去健身房时，我们也提供了一些健身计划。只使用本章的自重训练动作，这样在去不了健身房的时候也可以进行训练。

自重练习

下面你将看到的这些练习动作，能够整合成一个循环练习。你也将看到组合训练和复合训练的练习动作，它们都是3C训练的内容，非常有效。此外，其中一些动作需要使用瑞士球。瑞士球价格不贵，能够加强在家和旅行中的自重训练。

自重腿部练习

有时候通过合理的练习，只需依靠自身体重，就能加强腿部力量，锻炼出一个力量均衡且效果不会反弹的下肢。说到平衡，你将发现本章中的大部分下肢练习都是在身体一侧进行的。这是因为，我们大部分人都是一条腿不如另一条强壮，或者不如另一条腿发达，而单腿练习是改善肌肉平衡的最佳方式，并且不必通过使用额外负重，例如杠铃和哑铃。单腿练习也是增加下肢肌肉负荷的有效办法。与双腿平均分担上肢重量不同，单腿训练使每条腿承受的负荷加倍，因为这样迫使每条腿承受整个身体的重量。下面就是使用自身体重进行的各种下肢腿部练习动作。

徒手深蹲

直立站姿，双脚分开，与肩同宽，脚稍向外打开，约10度。手指交叉，双手抱头，肘关节指向身体外侧（见图a）。深蹲，弯曲膝关节，呈后坐坐姿（见图b）。尽量向下蹲，在这个过程中不要晃动背部。下蹲的过程中，脚后跟不要离开地面，膝盖不要向着身体的中线内翻，并且让膝盖与脚趾处于同一个方向。

徒手反式箭步蹲

双脚分开站立，与髋同宽。手指交叉，双手抱头，肘关节指向身体外侧（见图c）。向后退左腿，降低身体，使膝盖轻轻触碰地面（见图d）。反向运动，从箭步蹲中站起来，向前收左腿，回到初始位置。然后另一条腿进行同样的动作。

点膝深蹲

自重训练中的点膝深蹲，与你在第四章中学到的使用哑铃的那个版本唯一的不同之处，就在于双臂的位置。

弯曲一条腿的膝关节，使之呈 90 度，收腿，使这条腿稍稍在另一条腿的后面，双臂在身前伸直（见图 a）。下蹲，直到弯曲的膝关节轻轻点到身后地上的小踏板（见图 b），然后反向运动，完成一次动作。练习过程中，一定要保持承受体重的那只脚完全着地。你可以移开踏板，让膝盖去碰地面。由于增加了动作范围，在最低位置时，你需要将身体稍稍前倾。当只是承担自身体重时，这样做是没问题的，因为加在背部的负荷量最小，这与你握哑铃的时候是不同的。

徒手箭步蹲正反式循环

直立站姿，双脚分开，手指交叉，双手抱头（见图 a）。向前迈左腿，向下做箭步蹲（见图 b）。然后反向运动，向后退左腿，做反式箭步蹲，完成一组动作（见图 c）。一条腿做完所有的重复动作后，换另一条腿。

徒手深蹲跳

直立站姿，双脚分开，与肩同宽，脚稍向外打开，约 10 度。手指交叉，双手抱头，肘关节指向身体外侧。深蹲，弯曲膝关节，呈后坐坐姿（见图 a）。尽量向下蹲，在这个过程中不要晃动下背。下蹲的过程中，脚后跟不要离开地面，膝盖不要向着身体的中线内翻，并且让膝盖与脚趾在一个方向上。迅速反向运动，尽量高地向上跳起（见图 b）。落地时尽量轻盈，回到深蹲时的最低姿势。

a

b

侧弓步

直立站姿，双臂向前平举，与肩同高（见图 a）。向一侧迈一大步，并向这一侧下蹲，保持双脚完全着地，脊柱挺直（见图 b）。快速反向运动，收腿，两脚并拢。你可以在完成一侧所有的重复动作后再换腿，也可以两侧交替进行。

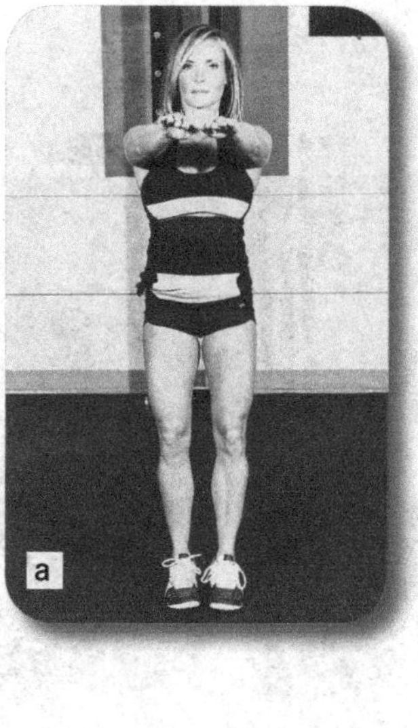
a

b

弓步转体

直立站姿，双臂向前平举，与肩同高（见图 a）。右腿向身后 45 度方向迈一大步，臀部向右向下运动，同时保持右脚完全踩在地上，左腿伸直（见图 b）。快速反向运动，收腿，两脚并拢。你可以在完成一侧所有的重复动作后再换腿，也可以两侧交替进行。

分腿深蹲剪刀式跳跃

分开腿下蹲，手指交叉，双手抱头（见图 a）。向上跳起，双腿交叉（见图 b），落地时换另一条腿在前（见图 c）。再次向上跳起，重复这个动作。落地时动静一定要尽量小，动作一定要尽量轻盈，每一次落地都为下一次跳跃增加了起跳动力。

上举行走箭步蹲

直立站姿，双臂伸直，举在头部上方，与躯干在一条直线上。双脚分开，与髋同宽（见图 a）。向前迈一大步，降低身体，让后腿膝盖轻触到地面（见图 b)。身体再次站直，同时收后腿，使两腿回到初始姿势（见图 c）。换另一条腿（上次在身后的那条腿）向前迈步。在箭步蹲中当身体位于最低点时，躯干也可稍稍前倾，但脊柱要保持伸直，不一定非要保持躯干直立。这样使膝关节更放松，因为躯干稍稍前倾可以使臀大肌参与进来。在房间内走动，重复该动作。

上举反式箭步蹲

如果你的训练空间有限，选择这个箭步练习会很不错，因为它的动作原理同上一个行走箭步蹲完全相同，唯一不同的就是你不必在房间内走动，向后退腿而不是向前迈腿。双臂伸直，举在头部上方，双脚分开，与髋同宽，一条腿向后迈，并降低身体，让膝盖轻触到地面（见图 a）。反向运动，从箭步中站起身，向前收腿，使双腿回到初始位置（见图 b）。换另一条腿，重复该动作。

自重臀部练习

如今，不管你是在工作还是在家玩计算机，久坐几小时的现象已经很常见了。当你坐着的时候，你的后臀部，也就是臀大肌处于延展的状态。这样最终会导致臀部肌肉适应这种状态，而等到该它们发挥作用时，即需要扩臀的时候（与久坐时臀部的姿势相反），它们却不能很好地工作。下面是一些自重臀部练习，它们能够帮助你消除久坐带来的负面影响。此外，这些练习不仅能使你的身材看起来更棒，还能增强你的运动能力，因为想要跑得更快、跳得更远，力量主要来自臀大肌。

单腿臀推

开始时，肩部上提，靠在卧推凳或椅子上，头和肩部放在卧推凳或椅子上，向两侧张开双臂，掌心朝上。双腿向前迈步，直到膝关节弯曲 90 度，双脚位于膝关节的正下方。保持右腿膝关节弯曲 90 度，向上抬右腿，使之高于臀部（见图 a）。提臀，让身体从左腿膝盖到鼻子呈一条直线（见图 b）。保持右腿抬起的状态，向地面降低臀部，然后左脚后跟用力将臀部抬起，回到初始位置，完成一组动作。你可以通过增加负重来增加这个动作的难度——尝试在髋部放一个杠铃。完成一侧所有的重复动作后，换腿。

a

b

瑞士球提臀屈腿

在地上仰卧，脚后跟放在直径 55~65 厘米的瑞士球上，双臂位于体外两侧，保持身体平衡（见图 a）。向上提臀，同时朝身体的方向拉脚后跟，脚后跟位于身体下方（见图 b）。慢慢反向运动，重复该动作，不要让臀部碰到地面。做单腿的变式练习，只需将一条腿抬离瑞士球，弯曲髋关节，膝关节呈 90度，然后按照刚才的描述做就可以了。完成一侧所有的重复动作后换腿。

瑞士球提臀

仰卧，膝关节弯曲 15 度，双脚放在直径 55~65 厘米的瑞士球上（见图 a）。向上提臀，臀部发力上顶，而不是下背发力（见图 b）。慢慢降低臀部，在马上要碰到地面时停止，然后重复刚才的动作。单腿做这个练习的话，动作与单腿臀桥相同，膝关节弯曲 90 度即可。完成一侧所有的重复动作后换腿。

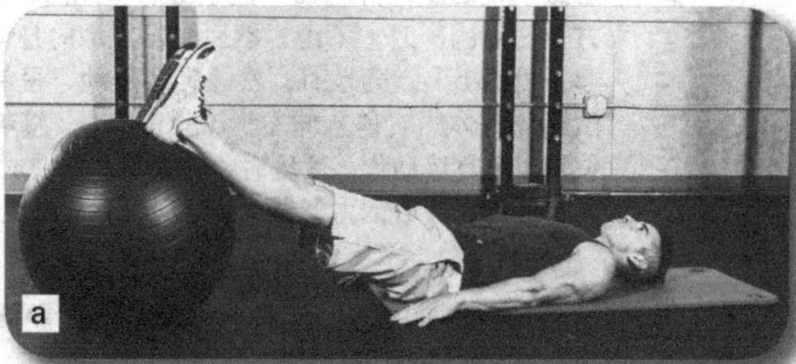

前倾的分腿深蹲剪刀式跳跃

这个动作与分腿深蹲剪刀式跳跃完全相同，唯一不同的是做这个动作时躯干是前倾的姿势。分开腿下蹲，双臂悬于身体两侧（见图a）。向上跳起，双腿交叉（见图b），落地时换另一条腿在前（见图c）。再次向上跳起，重复这个动作。落地时动静一定要尽量小，动作一定要尽量轻盈，每一次落地都为下一次跳跃增加了起跳动力。每次落地时，臀部向后翘起，身体前倾，保持脊柱挺直，让手向下去够踝关节。每次向上跳起时，躯干要挺直。

侧向弹跳

左腿站立，保持身体平衡，右腿膝关节弯曲，向后抬右脚的脚后跟，使右腿离开地面，位于身后（见图a）。向身体的左前方伸右臂的同时，下蹲，然后爆发式地向身体右侧尽量高地跳起（见图b）。落地时，右腿轻轻着地，呈单腿深蹲的姿势，然后向身体的右前方伸左臂（见图c）。接着跳起，回到初始位置，重复该动作。落地时，膝关节一定要放松，呈深蹲姿势，这样能保证吸收的力量最大，下次跳起时产生的弹跳力也最大。

蛙跳

膝关节弯曲约20度，上身前倾，使背部与地面平行，双臂位于两腿之间且指尖碰到地面（见图a）。脊柱挺直，运用爆发力向上跳起，在半空中伸直上身（见图b）。尽量轻轻落地，回到起始姿势，然后重复该动作。

保加利亚式分腿蹲

手指交叉，双手抱头，呈分腿深蹲的姿势，将一只脚搭在身后的卧推凳或椅子上（见图a）。朝地面降低身体，在这个过程中不要让后腿膝盖碰到地面（见图b）。当身体向下时，保持背部伸直，躯干稍向前倾。脚用力蹬地面，向上抬起身体，回到初始姿势，完成一组动作。完成一侧所有的重复动作后，换腿做同样的动作。

单腿体前屈

单腿站立，保持身体平衡，双手上举到头部上方（见图 a）。站立的那条腿弯曲 20 度，身体前屈，保持背部挺直，双臂与躯干在一条直线上，直到你的身体（包括不承重的那条腿）与地面平行（见图 b）。一定不要转动臀部和后脚，练习过程中保持肩部和臀部水平。完成一侧所有的重复动作后，换腿做同样的动作。

上肢自重推力练习

大家都知道，谈到自重训练不得不提俯卧撑。既然如此，接下来的练习就包括了一些俯卧撑的变式动作，其中部分练习还是从这个经典动作新分出来的。除了一些特殊的俯卧撑变式练习，你还将看到一些拉伸带练习，这些练习是为锻炼上肢肌群（胸部、肩部和肱三头肌）和核心肌群而设计的。

单臂俯卧撑

采用单臂平板支撑的姿势，双脚分开，间距比肩部宽十几厘米（见图 a）。支撑身体的手腕应当位于同侧手臂的正下方，而不支撑身体的手臂应当放在同侧的臀部上。降低身体，做单臂俯卧撑，在这个过程中不要转动躯干，同时保持支撑身体的手臂肘关节紧贴身体（见图 b）。身体下降，手臂用力将身体向上撑起，回到初始位置，完成一次动作。完成一侧所有的重复动作后，换手臂做同样的动作。

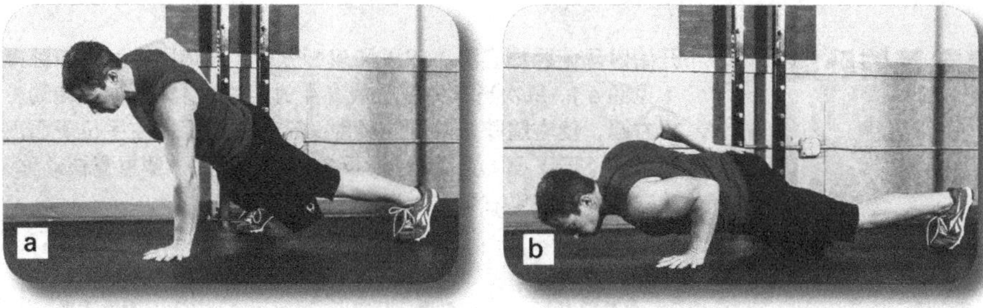

屈臂俯卧撑

呈俯卧撑姿势，一只手搭在实心球或踏板上，另一只手放在地面上，双脚分开，与肩同宽（见图 a）。做俯卧撑，在身体位于最高位置时，单臂支撑，即将搭在踏板或实心球上的手臂完全伸直，不要转动肩部和臀部，另一手臂弯曲放在胸前（见图 b）。左臂和右臂分别弯曲，各完成一半的重复动作。

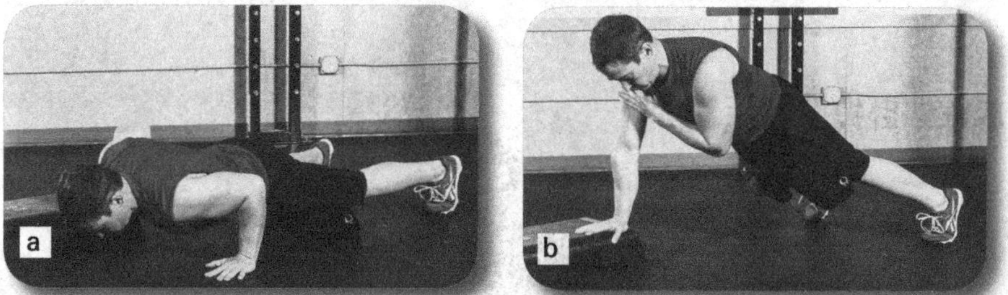

盒子交叉俯卧撑

开始时呈俯卧撑姿势，双手放在实心球或踏板上，双脚分开，与肩同宽（见图 a）。将一只手从踏板上拿下来，放在地上，同时做俯卧撑（见图 b）。做完一个俯卧撑后，手放回踏板或实心球上。换另一只手，重复该动作。

霹雳舞俯卧撑

开始时呈俯卧撑姿势，双手和双脚分开，与肩同宽。做俯卧撑（见图a），每次当身体位于最高点时，整个身体向左侧转动，抬右腿，使右腿膝盖够到左臂肘关节，同时保持左手位于面部前方或下巴下面（见图b）。反向运动，换另一侧重复该动作，让左腿膝盖去够右臂肘关节。

后推俯卧撑

开始时呈俯卧撑姿势，双手和双脚分开，与肩同宽（见图a），然后身体降低到最低位置（见图b）。与传统俯卧撑向上撑起身体的做法不同，膝盖放松，朝脚的方向将身体向后推，保持臀部位于尽可能低的位置（见图c）。反向运动，回到俯卧撑中身体在最低位置时的姿势，完成一组动作。

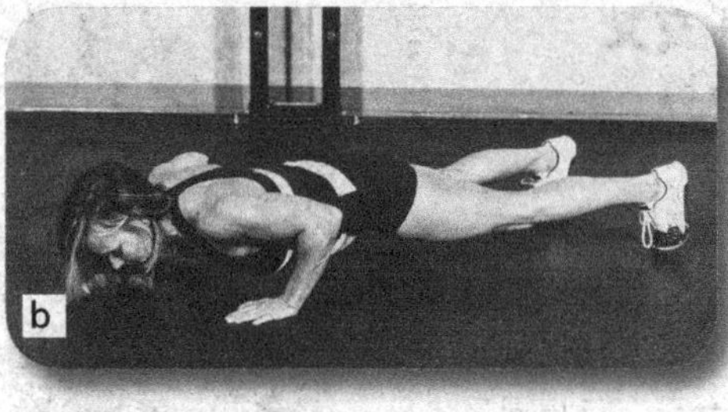

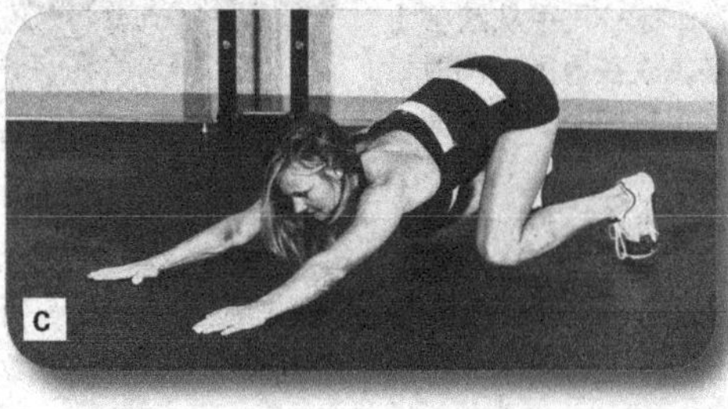

后推俯卧撑转体

这个动作是后推俯卧撑的进阶版，动作要领与上一个练习所描述的基本相同。开始时呈俯卧撑姿势，双手和双脚分开，与肩同宽(见图a)，然后身体降低到最低位置(见图b)。与传统俯卧撑向上撑起身体的做法不同，膝盖放松，朝脚的方向将身体向后推，保持臀部位于尽可能低的位置，向身体的一侧转体，将所有的体重放在一只手臂上(见图c和图d)。反向运动，将抬起的手臂放回地面，身体降低到俯卧撑中的最低位置；这次向另一侧转体，抬起另一只手臂。

脚抬高俯卧撑

开始时呈俯卧撑姿势，双手在地上分开，间距比肩稍宽，双脚抬高，搭在卧推凳或椅子上（见图a）。做俯卧撑，胸部朝地面降低，直到肘关节弯曲稍稍小于90度（见图b）。然后向上撑起身体，直到肘关节伸直。一定要保持身体从头到臀部、脚踝都在一条直线上，任何时候都不要让头或臀部下沉。

箭步与拉伸带前推

背对拉伸带，将拉伸带的一端系在稳固的结构或者门柱（许多阻力带都附带这样一个固定装备）上大致与肩同宽。双脚分开，与髋同宽，双手各握一只手柄，肘关节朝外，前臂与地面平行（见图a）。向前做箭步，同时双臂向前推，身体稍稍前倾，带动腹部肌肉（见图b）。收腿，回到初始姿势，手臂也收回。换另一条腿向前做箭步，重复该动作。

单臂拉伸带平推

背对拉伸带，将拉伸带的一端固定在稳定的结构或门柱（许多阻力带都附带这样一个固定装备）上大致与肩同高。双腿分开站立，右腿在前，左手握住拉伸带的两个手柄（见图a）。躯干不要转动，左臂向前推（见图b）。慢慢收回左臂，完成一次动作。完成一侧所有的重复动作后，换右臂，左腿在前。

单臂拉伸带斜推

背对拉伸带，将拉伸带的一端固定在稳定的结构或门柱（许多阻力带都附带这样一个固定装备）下面（低于膝盖的高度）。双腿分开站立，右腿在前，左手握住拉伸带的两个手柄（见图a）。躯干不要转动，左臂朝45度角方向斜向上推（见图b）。一定要让左臂与拉伸带在一条直线上。慢慢收回左臂，完成一组动作。完成一侧所有的重复动作后，换右臂，左腿在前。

悬挂肱三头肌臂屈伸

背对锚点，双手抓住拉伸带的手柄，重心前移，呈俯卧撑姿势，双臂在肩部前完全伸展（见图a）。屈肘，前额降至手腕的高度（见图b）。反向运动，像肱三头肌屈伸那样伸展肘关节，完成一组动作。

动作过程中，一定要始终保持整个身体挺直。想要增加难度，身体离地面越近，练习的难度也就越大；你的肩部在锚点下方离锚点越远，练习的难度也越大。想要降低难度，可以让身体离地面远一些，增大身体与地面所成的角度。双脚在锚点前离锚点越远，练习也就越容易。

上肢自重拉力练习

尽管自重训练很有价值，形式也多种多样，但自重训练最大的缺陷在于上肢拉力练习。当然，我们可以做正手或者反手的引体向上，但很多人做引体向上是有困难的。因此，本章介绍的自重练习使用了悬挂机和一组阻力带。这些小器械，价格上你能够承担得起，种类多种多样，不仅能够给你带来拉伸机的所有锻炼效果，还可以平衡你的上肢推力。本章通过提供一些有价值的拉力练习，来强化背部、肩部、肱二头肌和核心肌群。

反手引体向上或正手引体向上

身体悬在杠铃杆上，双手正握、反握或者宽握（正握的例子见图a）。用力将自己向上拉（见图b），然后控制好身体，身体慢慢向下运动。在这个过程中不要使用惯性，也不要晃动身体。

单臂抗旋转悬挂划船

面向悬挂机的锚点，右手握手柄，身体后倾，让双脚大致位于锚点下方，左臂自然伸直放在身体一侧（见图a）。任何时候都不要转动身体。做划船动作，即将你的身体拉向手柄（见图b），然后身体向下运动到原来的位置。每次将身体拉向手柄时，都要保持肘关节（做划船动作的手臂）紧贴身体。不要让臀部向地面下沉，在整个动作过程中，要保证肩部和臀部与地面平行。如果远离悬挂机，增加身体倾斜的角度，身体向地面降得更低，可以增加动作的难度。如果减少身体倾斜的角度，靠近悬挂机，则可降低动作的难度。

低肘悬挂划船

面向悬挂机的锚点。双手握手柄，掌心相对，手臂伸直，位于肩前（见图 a， 掌心相对时）。后倾，身体从头到脚保持在一条直线上。屈肘，将身体沿悬挂带斜向上拉，做划船的动作（见图 b1、图 b2）。上拉时，一定要保持身体在一条直线上，不要晃动臀部。每次上拉时，都要让最下面的肋骨碰到手腕内侧，以保证动作幅度完整，并且肘关节要紧贴身体两侧。在最高位置时，停留 1~2 秒不动，再回到初始位置，完成一组动作。想增加难度的话，可以从向后倾斜程度更大的位置，即身体离地面更近的位置开始。

a b1 b2

宽握距悬挂划船

身体面向悬挂机的锚点，双手握手柄，拳心相对，手臂伸直，位于肩前（见图 a）。后倾，身体从头到脚保持在一条直线上。屈肘，将身体沿悬挂带斜向上拉，在做划船动作的同时肘关节向两侧打开平举（见图 b1、图 b2）。上拉时，一定要保持身体在一条直线上，不要晃动臀部。你的肘关节将呈 90 度。在最高位置时停留 1~2 秒不动，再回到初始位置，完成一次动作。想增加难度的话，可以从向后倾斜程度更大的位置，即身体离地面更近的位置开始。

a b1 b2

Y 形拉伸

身体面向悬挂机的锚点，双手握手柄，掌心向下，手臂伸直，位于肩前（见图 a）。后倾，身体从头到脚保持在一条直线上。肘关节不要弯曲，斜向打开双臂，成“Y”形（见图 b）。慢慢反向运动，身体向下，回到初始位置，完成一次重复。想增加难度的话，可以从向后倾斜程度更大的位置，即身体离地面更近的位置开始。

单臂拉伸带划船

直立站姿，面向拉伸带，将拉伸带的一端固定在稳定的结构或者门柱（许多阻力带都附带这样一个固定装备）上。左手握两个手柄，分开腿站立，右腿在前，左腿在后（见图 a）。向身体方向拉拉伸带（见图 b），然后慢慢让手臂再次伸直，在这个过程中不要旋转躯干或臀部。一侧的所有重复动作完成后，换手臂，左腿在前，右腿在后。

宽握距拉伸带划船

直立站姿，双脚分开，与髋同宽，两脚平行。面向拉伸带，将拉伸带一端固定在稳定的结构或者门柱（许多阻力带都附带这样一个固定装备）上，大致与肩部同高。双手各握一个手柄，掌心向下（见图a）。向身体的方向拉拉伸带，肘关节向身体两侧水平打开（见图b）。慢慢反向运动，同时保持脊柱挺直。一定要保持躯干与地面垂直，而在拉拉伸带的时候，手臂运动的轨迹要与地面平行。

双臂交替拉伸带划船

直立站姿，面向拉伸带。拉伸带的一端固定，大致与胸部同高。双手各握一个手柄，分开腿站立，膝关节稍稍弯曲（见图a）。当你用一只手臂将拉伸带拉向你的身体时（见图b），伸直另一只手臂，在这个过程中不要转动躯干和臀部。双臂快速交替。

箭步蹲单臂拉伸带划船

直立站姿，面向拉伸带，将拉伸带的一端固定在稳定的结构或门柱（许多阻力带都附带这样一个固定装备）上，大致与胸部同高。左手握两个手柄，分开腿站立，右腿在前，左腿在后。身体向下运动，完成一次深蹲（见图 a）。当你从深蹲的姿势站起时，做单臂划船动作（见图 b）。当你再次向下深蹲时，放松拉伸带，做划船的反向动作，完成一次完整动作。当一侧的所有重复动作完成后，换另一侧，左腿在前，右腿在后。

反式箭步蹲单臂拉伸带划船

直立站姿，双脚分开，与髋同宽，面向拉伸带，将拉伸带的一端固定在稳定的结构或门柱（许多阻力带都附带这样一个固定装备）上，大致与胸部同高。左手握两个手柄，向后退左腿，降低左膝盖，使之轻轻碰到地面，完成一个反式箭步蹲，在箭步蹲的最低位置，两个膝关节弯曲 90 度（见图 a）。当你从反式箭步蹲站起，收回左腿、双脚平行时，做划船的动作，即左臂向身体的方向拉，使手腕碰到肋骨（见图 b）。反向运动，在伸展左臂的同时再次向后迈左腿。

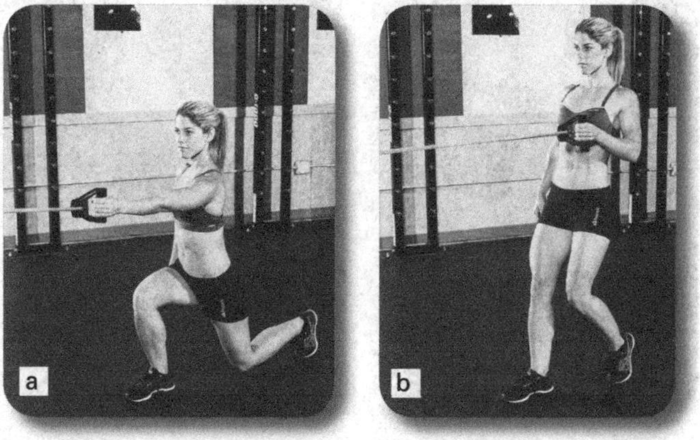

单臂拉伸带摩托车划船

直立站姿，面向拉伸带，将拉伸带的一端固定在稳定的结构或门柱（许多阻力带都附带这样一个固定装备）上，大致与躯干同高。左手握两个手柄，分开腿站立，右腿在前，左腿在后，双脚分开，约与肩同宽。臀部向后翘起，躯干前倾，保持膝关节弯曲 15~20 度（见图 a）。当你的身体与拉伸带平行时，做单臂划船的动作，即将左臂拉向你的身体左侧（见图 b）。伸展左臂，完成一次动作。当一侧所有的重复动作完成后，换另一侧，左腿在前，右腿在后。

a

b

拉伸带游泳

直立站姿，面向拉伸带，将拉伸带一端固定在稳定的结构或者门柱（许多阻力带都附带这样一个固定装备）上，大致与肩同高。双手各握一个手柄，两脚分开，彼此平行，约与肩同宽（见图 a）。双臂伸直，将拉伸带拉向你的身体，带动大拇指朝向裤子口袋，身体前倾，臀部向后翘起（见图 b）。当身体在最低位置时，拉伸带应该碰到肩部上方，而手臂和躯干应该与拉伸带在一条直线上。反向运动，回到初始位置，在身前伸直手臂。

a

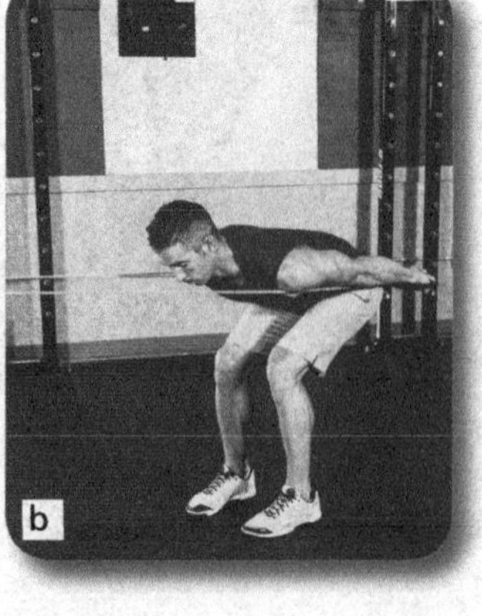
b

拉伸带俯身划船

直立站姿，面向拉伸带，将拉伸带的一端固定在一个稳定结构或者门柱（许多阻力带都附带这样一个固定装备）的低位置。双手各握一个手柄，躯干前倾 45 度，膝盖放松，背部挺直（见图 a）。将拉伸带拉向你的身体，使手腕碰到肋骨，保证每次拉拉伸带时都将肩胛骨挤在一起（见图 b）。反向运动，向前伸展手臂，在这个过程中不要晃动下背，也不要失去重心。

组合拉伸带划船

双脚分开站立，约与肩同宽，膝关节稍稍弯曲，面向拉伸带，将拉伸带的一端固定在一个稳定结构或者门柱（许多阻力带都附带这样一个固定装备）上，位于躯干中部和肩部之间。双手各握一个手柄，臀部向后翘起，膝关节稍稍弯曲，手臂在头部上方朝锚点方向伸展（见图 a）。 手臂应该在拉伸带和躯干之间形成一条直线。反向运动，同时做划船的动作，回到起始的直立位置，结束划船动作（见图 b）。慢慢反向运动，臀部向后翘起，伸出手臂；注意把握好节奏，身体协调。你也可以做单臂的练习，一只手握两个手柄。在进行完一侧所有的重复动作后，换另一侧。

拉伸带下拉

双脚分开站立，与肩同宽，面向拉伸带，将拉伸带的一端固定在一个稳定结构或者门柱（许多阻力带都附带这样一个固定装备）上，与肩部同高。双手各握一个手柄，臀部向后翘起，身体前倾，膝关节稍稍弯曲，手臂在头部上方朝锚点方向伸展（见图 a）。你的手臂应该向头上方伸出，拉伸带、手臂和躯干形成一条直线。将手臂向身体两侧拉，与使用下拉的拉伸机一样，让肱三头肌碰到身体两侧（见图 b1、图 b2）。慢慢再次伸直手臂，完成一次动作。一定要保持脊柱挺直，练习过程中任何时候都不要晃动背部，并保持膝关节稍稍弯曲，始终保持 20 度。

悬挂肱二头肌卷曲

掌心向上，面向锚点，双手抓住手柄，身体后倾，身体从头到脚都在一条直线上，肘关节在肩部前伸直（见图 a）。只弯曲肘关节，卷曲肱二头肌，即向上拉身体，让手柄碰到额头（见图 b）。反向运动，完成一次动作。练习过程中一定要保持身体挺直。想增加难度的话，可以从向后倾斜程度更大的位置，即身体离地面更近的位置开始。

Y形瑞士球后背扩展

胸部压在瑞士球上，膝关节弯曲，躯干与地面平行，手臂悬垂在肩下（见图a）。向外伸手臂，举到肩部高度，拇指朝上（见图b）。

自重腹部练习

尽管目前介绍的大部分练习也能锻炼到核心肌肉组织，但在这些练习中起主要作用的常常是背部和躯干两侧的肌肉。因此就有了下面这些侧重前腹部肌肉的练习动作。通过做这些练习，利用自身体重即可加强你的腹部肌肉。

手臂行走

双膝跪地，双手放在地上，肘关节伸直（见图a），用手向前移动身体到最大限度，在这个过程中不要让下背高于初始位置（见图b和图c）。反向运动，用手向后移动身体，最终双手刚好位于肩前。

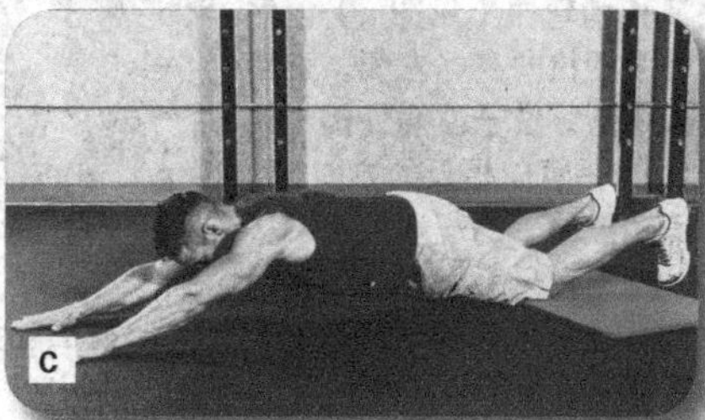

如果用手向前移动身体时下背感受到了压力，说明这已经超越了你的力量极限。那么就减小动作幅度，用这种方式进行练习不会有疼痛感。如果手腕不舒适，做不了这个练习，你可以使用瑞士球，把前臂放在球上，前后滚动瑞士球。

拉伸带抗旋转拉伸

垂直于拉伸带站立，将拉伸带的一端固定在一个稳定结构或者门柱（许多阻力带都附带这样一个固定装备）上。双手握手柄，在身前伸出手臂，与肩部同高，不要让躯干朝拉伸带转动（见图 a）。然后慢慢反向运动，将手拉回到胸部中央（见图 b）。一定要站直，两脚分开，与肩同宽。进行完一侧所有的重复动作后，换另一侧进行。

拉伸带小范围侧拉

双脚分开站立，与肩同宽。双手握住拉伸带的手柄，手柄位于身体右侧的肩部高度；将拉伸带的一端固定在一个稳定结构或者门柱（许多阻力带都附带这样一个固定装备）上。肘关节稍稍弯曲（见图 a），然后将手柄拉向身体左侧，直到两只手刚好位于左肩外侧（见图 b）。手臂向相反的方向（朝着固定拉伸带的一端）水平移动，直到两只手刚好位于右肩外侧。这个练习的动作范围小，大致与肩部的宽度相同。一定要保持身体直立，不要转动臀部——臀部应该与拉伸带垂直。进行完一侧所有的重复动作后，换另一侧。

单臂平板支撑

开始时为俯卧撑姿势，双手和双脚分开，与肩同宽（见图a）。一只手臂抬起，离开地面放在胸前；不要转动肩部和臀部，也不要让头和腹部下沉（见图b）。保持这个姿势，几秒后换手。你可以选择用肘关节支撑身体来做这个动作，但是必须在肘关节下面垫上垫子、枕头或者折叠的毛巾做保护。要增加动作难度的话，可以将抬起的手臂贴在身体的一侧，而不是斜放在胸前。

蜗牛移动

坐在地上，双腿伸展，两手放在臀后支撑身体（见图a）。手用力向下按，将臀部撑起（见图b）。在两手间向后移臀部，达到最远限度，然后慢慢降低臀部到地面（见图c）。再次把手放在身后，重复该动作。重复动作时，身体在地面移动。尽管这个练习几乎在任何地方都可以做，但在双脚可以滑动的地面上最为方便。你可以在脚后跟下面放一个纸盘作为辅助。

悬挂俯冲

背对悬挂机的锚点，抓住手柄，重心前移，呈俯卧撑姿势（见图a）。肘关节不要弯曲，向头部上方伸手臂，就像要跳进泳池（见图b）。将手臂收回，完成一次动作。不要让臀部下沉。要增加动作难度的话，可以从向前倾斜程度更大的位置，即身体离地面更近的位置开始。

a

b

瑞士球前后伸

a

跪姿，手臂伸直，手掌放在直径55~65厘米的瑞士球上，双膝和双手分开，与髋同宽（见图a）。向头部上方伸手臂，就像要跳进泳池，将球向前推（见图b）。尽量把瑞士球向远处推，在这个过程中不要让头和下背下沉（见图c）。当你推到最大限度，或手臂已完全位于头顶、与你的躯干在一条直线上时，反向运动，将球推回到起始位置。

要想降低难度的话，将前臂放在球顶，然后按照刚才的介绍做下面的动作即可。

b

c

瑞士球旋转

将前臂压在瑞士球的顶部，呈平板支撑的姿势，身体在一条直线上，双脚分开，与肩部同宽（见图 a）。用手臂画小圆圈（见图 b 和图 c）。顺时针和逆时针方向交替画圆，在这个过程中不要让头和臀部下沉。

瑞士球卷膝

呈平板支撑姿势，双脚搭在直径 55~65 厘米的瑞士球顶（见图 a）。向身体内侧卷膝关节，达到最大限度，在这个过程中不要让肩部从手腕上方移开，肩部始终要保持初始位置（见图 b）。反向运动，再次伸直身体，完成一次动作。

虾式跳水

呈俯卧撑的姿势，双脚放在直径 55~65 厘米的瑞士球上（见图 a）。用腹部力量向上方提臀，保持双腿伸直。继续提臀部，直至臀部差一点就到肩部上方（见图 b）。慢慢降低臀部直至身体水平，回到初始姿势。

虾式跳水前后伸

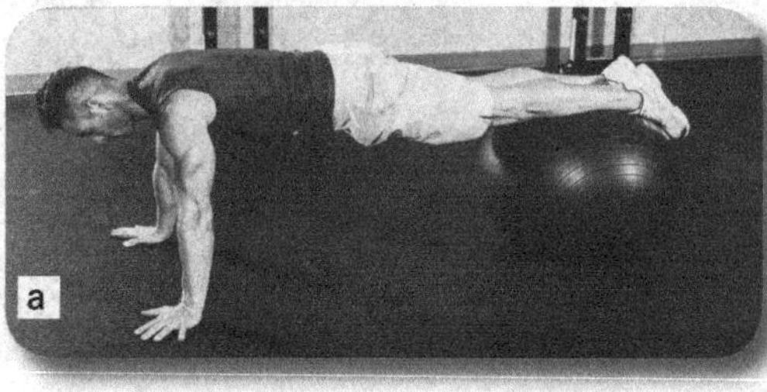

这个练习将虾式跳水和瑞士球前后伸结合成一个综合的腹部练习。采用俯卧撑的姿势，双脚放在直径 55~65 厘米的瑞士球上（要降低练习难度的话，将瑞士球放在肚脐下）。身体处于平板支撑的姿势（见图 a），保持双腿伸直，向上提臀，同时保持后背平直（见图 b）。伸直臀部回到初始位置后，身体向后移动，直至双臂在前方完全伸展，双腿也在身后完全伸展（见图 c）。反向运动，重复动作。

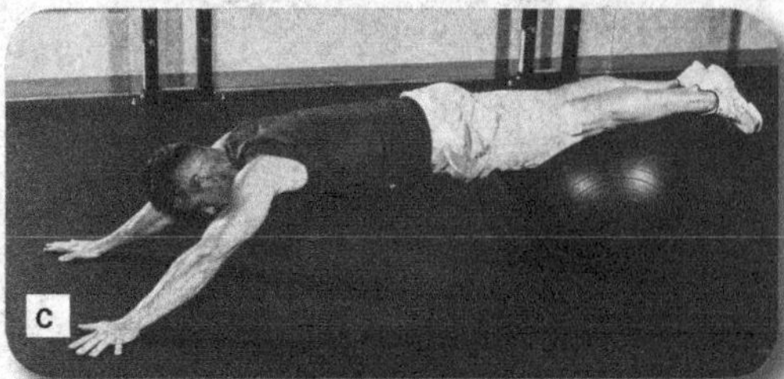

反向卷体

仰卧在地上，膝关节弯曲，臀部向腹部卷曲（见图a）。稍稍弯曲肘关节，握住位于头部地上的哑铃或实心球。用顺畅并且可控的方式做反向卷体，向上卷下背，使之离开地面，并向下颌拉动膝关节（见图b）。慢慢反向运动，向地面降低背部，每次降低一个椎骨的位置。一定不要用冲劲儿猛拉身体。此外，握住的哑铃或者实心球应该足够重，这样练习的时候不会把球抬离地面。而且在练习中任何时候都不要伸腿，也不要将头部抬离地面。

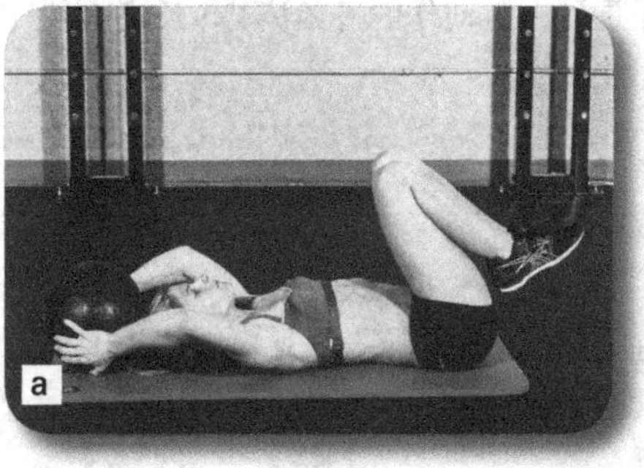

双腿缓降

仰卧在地上，膝关节弯曲，臀部卷曲。双拳位于头部两侧，压向地面（见图a）。慢慢朝地面降低双腿，保持膝关节弯曲，并将拳头向下压（见图b）。在这个过程中不要让下背离开地面。当脚后跟轻触地面时，反向运动，将膝关节拉回臀部上方。为了使这个练习更具挑战性，只需在朝地面降低双腿时尽量远地伸腿。简单地说，腿伸得越远，练习的难度越大。只要确保任何时候都不要让后背离开地面即可。

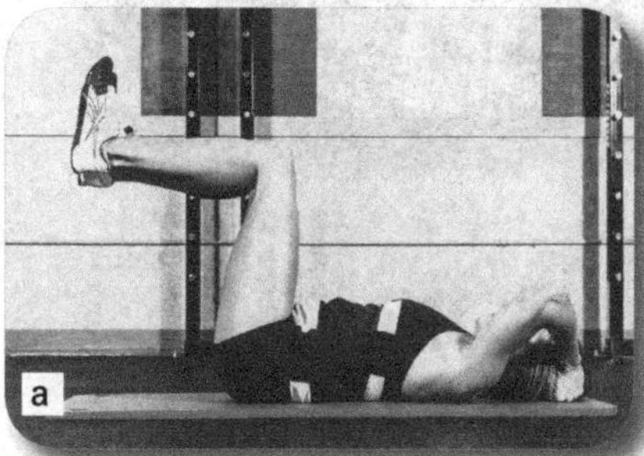

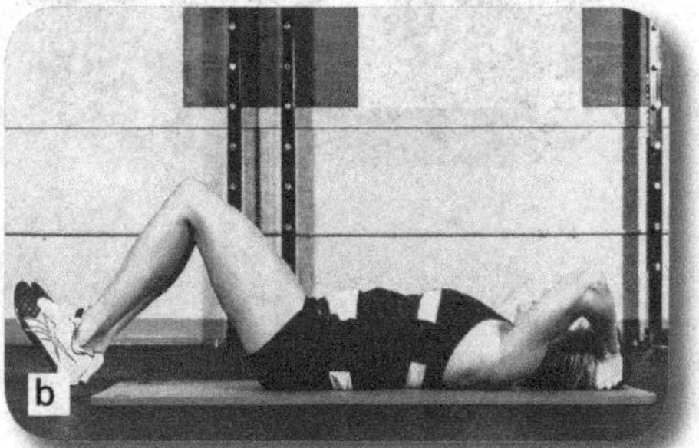

自重组合训练

正如在第五章中讨论的一样，力量训练的组合训练将多种力量训练动作组合成一个练习。下面就是代谢力量训练的组合动作，它们将前面的一些自重练习组合在一起，动作之间无间歇，做起来连贯流畅。

波比·蛙跳

这个动作组合将两个动态动作结合成一个全身的练习。这两个动作能够很好地衔接，是因为一组动作的结束姿势恰好是另一组动作的开始姿势；反之亦然。下面就是这个组合的练习动作。

1 波比

双脚分开，比肩稍宽。站立，双臂放在身体两侧（见图a）。弯曲膝关节，向下蹲（见图b），然后双腿向后跳跃（见图c），最终呈俯卧撑姿势（见图d）。保证身体在一条直线上，且不要让臀部下沉。双脚向上跳起（见图e），回到直立站姿的初始姿势，完成一次动作。

2 蛙跳

膝关节弯曲约20度，臀部向后翘起，身体前倾，使后背与地面平行，双臂位于两腿之间且指尖碰到地面（见图f）。脊柱挺直，运用爆发力向上跳起，在半空中伸直上身（见图g）。尽量轻轻地落地，回到起始姿势，做下一个波比动作。

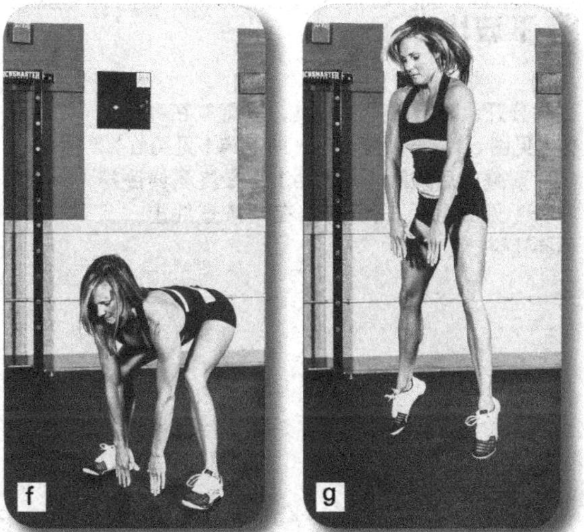
f g

深蹲跳·下波比·霹雳舞俯卧撑·上波比

这个动态的自重训练组合要让你通过不断地跳上跳下来改变身体的高度，这需要一定的协调能力和运动能力。做完一个练习后，再进行下一个练习。然后从头开始重复该组动作。

1 深蹲跳

直立站姿，双脚分开，与肩同宽，脚稍向外打开，约10度。手指交叉，双手抱头，肘关节指向身体外侧。深蹲，弯曲膝关节，呈后坐坐姿（见图a）。尽量向下蹲，在这个过程中不要晃动下背。下蹲的过程中，脚后跟不要离开地面，膝盖不要向着身体的中线内翻，并且让膝盖与脚趾处于一个方向。迅速反向运动，尽量高地向上跳起（见图b）。落地时尽量轻盈，回到深蹲时的最低姿势。

a b

2 下波比

双脚分开，略比肩宽。站立，双臂放在身体两侧（见图c）。弯曲膝关节，向下蹲（见图d），然后双腿向后跳跃（见图e），最终呈俯卧撑姿势（见图f）。保证身体在一条直线上，且不要让臀部下沉。

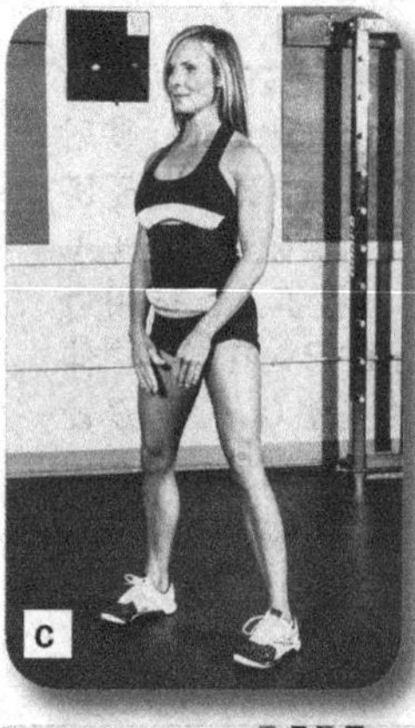

3 霹雳舞俯卧撑

开始时呈俯卧撑姿势，双手和双脚分开，与肩同宽。做俯卧撑（见图g），每次当身体位于最高点时，整个身体向左侧转动，抬右腿，使右腿膝盖够到左臂肘关节，同时保持左手位于下巴下面（见图h）。反向运动，在另一侧做俯卧撑，重复该动作，让左腿膝盖去够右臂肘关节。然后回到初始的俯卧撑姿势。

4 上波比

俯卧撑平板姿势（见图 i），双脚向上跳起，呈蜷伏姿势（见图 j），然后直身站立即可。

i

j

蛙跳 · 下波比 · 后推俯卧撑 · 上波比

这个组合对于喜欢俯卧撑的人来讲是非常不错的选择，因为它将两个俯卧撑的变式动作结合并衔接起来。它还大量涉及臀部和核心肌肉的练习。

1 蛙跳

膝关节弯曲约 20 度，臀部向后翘起，身体前倾，使后背与地面平行，双臂位于两腿之间且指尖碰到地面（见图 a）。脊柱挺直，运用爆发力向上跳起，在半空中伸直上体（见图 b）。尽量轻轻地落地，回到起始姿势，然后进行下一个练习“下波比”。

a

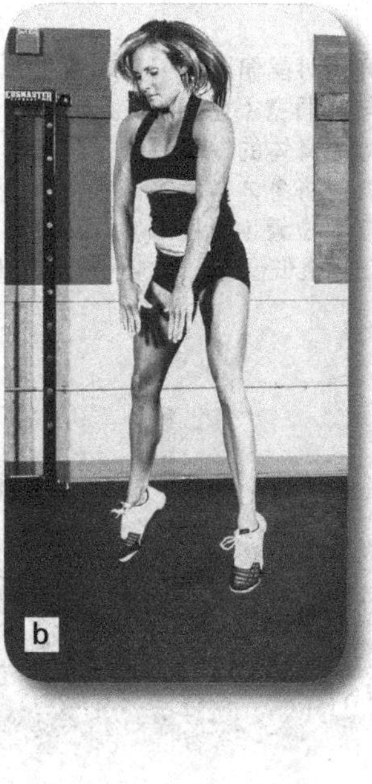
b

2 下波比

双脚分开，稍比肩宽。站立，双臂放在身体两侧（见图c）。弯曲膝关节，向下蹲（见图d），然后双腿向后跳跃（见图e），最终呈俯卧撑姿势（见图f）。保证身体在一条直线上，且不要让臀部下沉。

c

d

e

f

3 后推俯卧撑

开始时呈俯卧撑姿势，双手和双脚分开，与肩同宽（见图g）。与传统俯卧撑向上撑起身体的做法不同，膝盖放松，朝脚的方向将身体向后推，保持臀部位于尽可能低的位置（见图h）。反向运动，身体降低到最低位置，完成一次动作（见图i）。

g

h

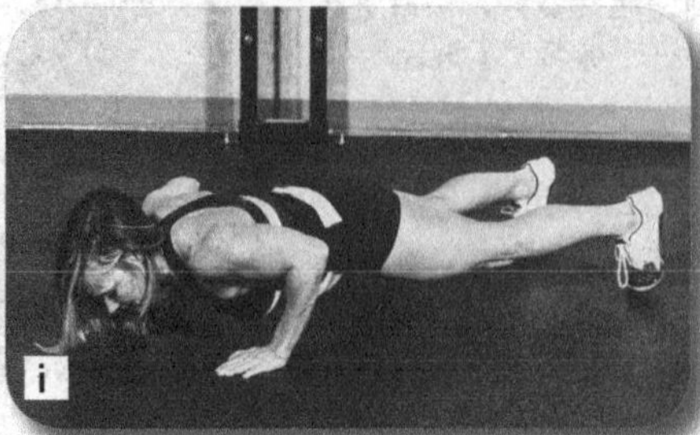
i

4 上波比

俯卧撑平板姿势（见图 j），双脚向上跳起，呈蜷伏姿势（见图 k），然后直身站立即可。

自重复合训练

正如第六章所讲，力量训练的复合训练由一系列的力量训练练习组成，每个练习重复进行数次，并且使用同一种器械。现在，你要使用的练习器械就是你的自身体重。如果你不满足于经典的自重训练练习，想找些新的动作提升训练的兴趣，那么以下这些代谢复合力量训练正是你想要的！

深蹲跳 · 俯卧撑 · 波比 · 引体向上

做 4 个深蹲跳、3 个仰卧起坐、2 个波比，最后做 1 个反手或正手的引体向上。按照规定的次数将每个动作都做完后，从头开始，重复该组动作。

1 深蹲跳

直立站姿，双脚分开，与肩同宽，脚稍向外打开，约 10 度。手指交叉，双手抱头，肘关节指向身体外侧。深蹲，弯曲膝关节，呈后坐坐姿（见图 a）。尽量向下蹲，在这个过程中不要晃动下背。下蹲的过程中，脚后跟不要离开地面，膝盖不要向着身体的中线内翻，并且让膝盖与脚趾在一个方向上。迅速反向运动，尽量高地向上跳起（见图 b）。落地时尽量轻盈，回到深蹲时的最低姿势。

2 俯卧撑

双手分开放在地上，距离比肩部稍宽，肘关节伸直（见图 c）。做俯卧撑，身体向下运动，同时保持肘关节一直位于手腕正上方（见图 d）。当肘关节的角度比 90 度小时，就开始反向运动，将身体向上撑起，使肘关节再次伸直。

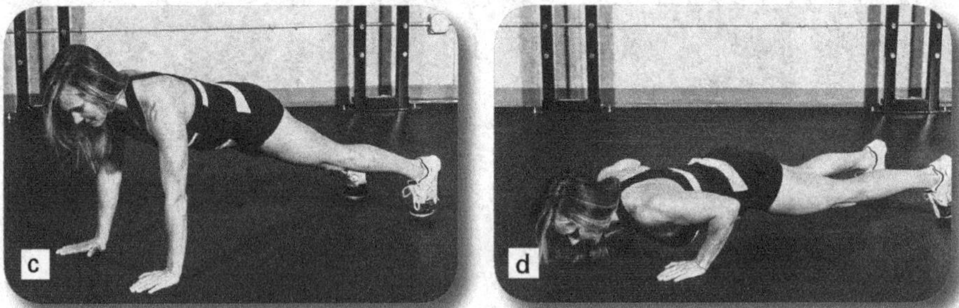

3 波比

双脚分开，比肩稍宽。站立，双臂放在身体两侧（见图 e）。弯曲膝关节，向下蹲（见图 f），然后双腿向后跳跃（见图 g），最终成俯卧撑姿势（见图 h）。保证身体在一条直线上，且不要让臀部下沉。脚向上跳起（见图 i），回到直立站姿的初始姿势，完成一次动作。

4 引体向上

悬垂在单杠上，正手握，间距与肩同宽或比肩宽（见图j）。尽量用力将身体拉向单杠（见图k），然后控制好身体，慢慢下降。不要使用惯性，也不要摆动身体。

j

k

双臂上举反式箭步蹲 · 下波比 · 霹雳舞俯卧撑 · 上波比 · 蛙跳 · 引体向上

每条腿各做4个反式箭步蹲（总共8个），然后做3个霹雳舞俯卧撑、2个蛙跳，最后做一个反手或正手的引体向上。按照规定的次数将每个动作都做完后，从头开始，重复该组动作。

1 双臂上举反式箭步蹲

如果你的训练空间有限，选择这个箭步练习会很不错，因为它的动作原理与行走箭步蹲完全相同，唯一不同的就是你不必在房间内走动，是向后退腿而不是向前迈腿。双臂伸直，举在头部上方，双脚分开，与髋同宽，一条腿向后迈，并降低身体，让膝盖轻触到地面（见图a）。反向运动，从箭步中站起身，向前收腿，使双腿回到初始位置（见图b）。换另一条腿，重复该动作。

a

b

2 下波比

双脚分开站立，略比肩宽。站立，双臂放在身体前方（见图c）。弯曲膝关节，向下蹲（见图d），然后双腿向后跳跃（见图e），最终呈俯卧撑姿势（见图f）。保证身体两侧在一条直线上，且不要让臀部下沉。

3 霹雳舞俯卧撑

开始时呈俯卧撑姿势，双手和双脚分开，与肩同宽。做俯卧撑（见图g）。每次当身体位于最高点时，整个身体向左侧转动，抬右腿，使右腿膝盖够到左臂肘关节，同时保持左手位于下巴下面（见图h）。反向运动，在另一侧做俯卧撑，重复该动作，让左腿膝盖去够右臂肘关节。

4 上波比

俯卧撑平板姿势（见图 i），双脚向上跳起，呈蜷伏姿势（见图 j），然后直身站立即可。

i

j

5 蛙跳

膝关节弯曲约 20 度，上体前倾，使后背与地面平行，双臂位于两腿之间且指尖碰到地面（见图 k）。脊柱挺直，运用爆发力向上跳起，在半空中伸直上体（见图 l）。尽量轻轻地落地，回到起始姿势，然后重复该动作。

k

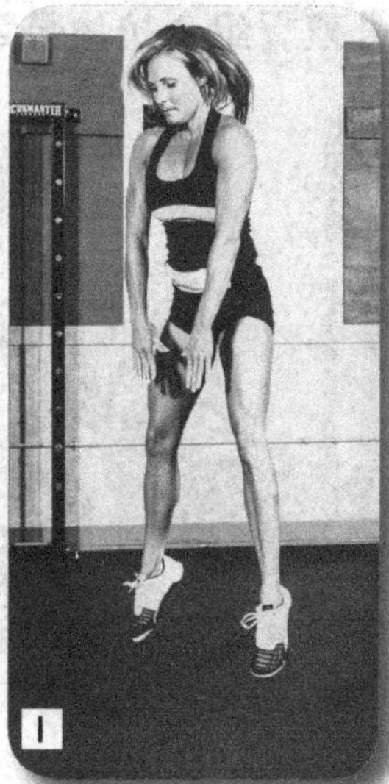
l

6 引体向上

悬垂在单杠上，正手握，间距与肩同宽或比肩宽（见图 m）。尽量用力将身体拉向单杠（见图 n），然后控制好身体，慢慢下降。不要使用惯性，也不要摆动身体。

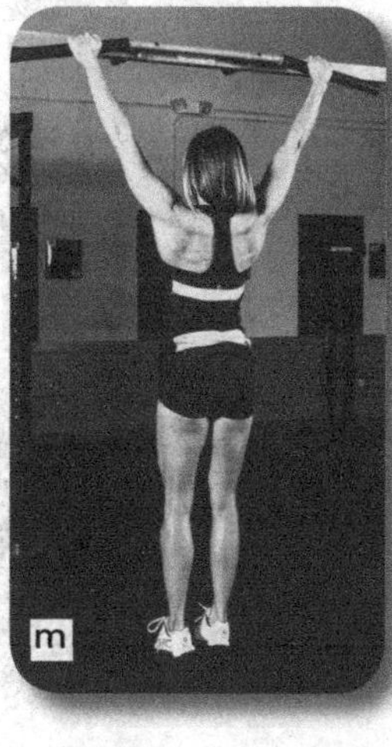
m

n

双臂组合拉伸带划船—上举反式箭步蹲—后推俯卧撑—蛙跳

这个复合练习使用拉伸带来做组合划船练习，在你没有引体向上单杠的情况下用来代替引体向上。做5个组合划船、4个反式箭步蹲（左右腿加起来总共8个），然后做3个后推俯卧撑，最后做2个蛙跳。按照规定的次数将每个动作都做完后，从头开始，重复该组练习。

1 双臂组合拉伸带划船

双脚分开站立，约与肩同宽，稍稍弯曲膝关节，面向拉伸带，将拉伸带的一端固定在一个稳定结构或门柱（许多阻力带都附带这样一个固定装备）上部高度。双手各握一个手柄，臀部向后翘起，身体前倾，朝拉伸带固定的位置伸出双臂（见图a）。反向运动，站起身，同时做划船动作，即将双臂拉到胸前，回到初始直立姿势的同时完成动作（见图b）。慢慢反向运动，臀部向后翘起，身体前倾，注意把握好节奏，身体要协调。

2 上举反式箭步蹲

如果你的训练空间有限，选择这个箭步练习会很不错，因为它的动作原理与行走箭步蹲完全相同，唯一不同的就是你不必在房间内走动，是向后退腿而不是向前迈腿。双臂伸直，举在头部上方，双脚分开，与髋同宽，一条腿向后迈，并降低身体，让膝盖轻触到地面（见图c）。反向运动，从箭步中站起身，向前收腿，使双腿回到初始位置（见图d）。换另一条腿，重复该动作。

3 后推俯卧撑

开始时呈俯卧撑姿势，双手和双脚分开，与肩同宽（见图e），然后身体降低到最低位置与传统俯卧撑向上撑起身体的做法不同，膝盖放松，朝脚的方向将身体向后推，保持臀部位于尽可能低的位置（见图f）。反向运动，身体降低到最低位置，完成一次动作（见图g）。

e

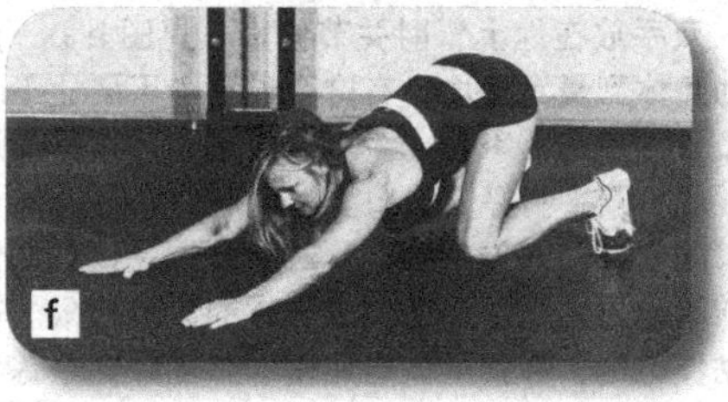
f

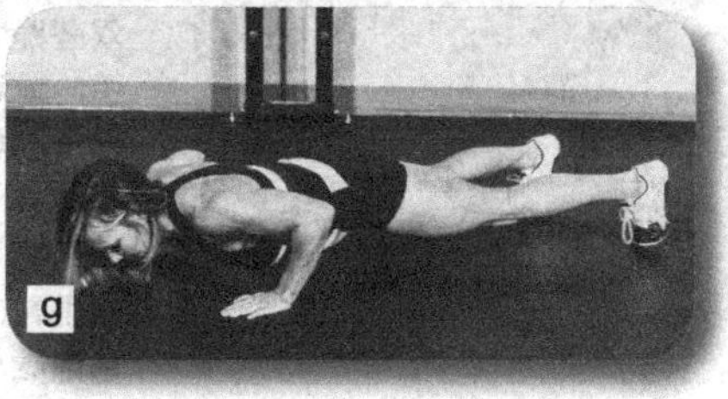
g

4 蛙跳

膝关节弯曲约20度，上体前倾，使后背与地面平行，双臂位于两腿之间且指尖碰到地面（见图h）。脊柱挺直，运用爆发力向上跳起，在半空中伸直上体（见图i）。尽量轻轻地落地，回到起始姿势，然后重复该动作。

h

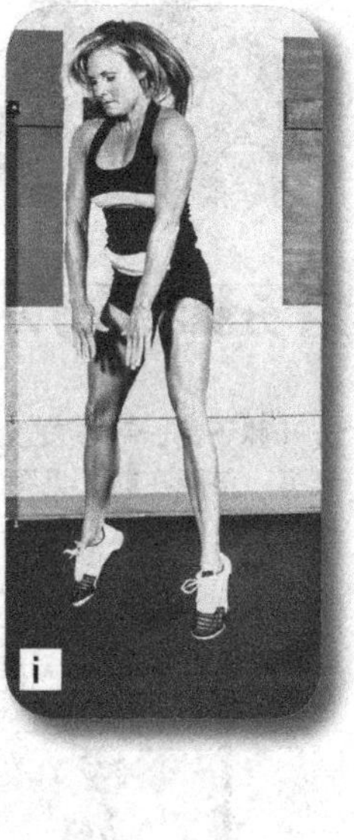
i

手臂行走·分腿深蹲剪刀式跳跃·霹雳舞俯卧撑·上波比·蛙跳

做 4 个手臂行走、3 个分腿深蹲剪刀跳（总共 6 个），然后做两个霹雳舞俯卧撑，最后做 1 个上波比转蛙跳。

1 手臂行走

双膝跪地，双手放在地上，肘关节伸直（见图 a），用手向前移动身体到最大限度，在这个过程中不要让下背高于初始位置（见图 b 和图 c）。反向运动，用手向后移动身体，最终双手刚好位于肩前。

如果在手臂向前移动时你感到下背部有压力，这说明你的手臂向前移动得太远了，已超过了你的力量极限。简单地减小动作范围，你就可以毫无疼痛感地做这个练习了。如果你的手腕酸痛，无法做这个练习，那么你也可以使用瑞士球来做滚动，将前臂放在瑞士球顶部，向远处滚动瑞士球，然后将球滚回你的身下即可。

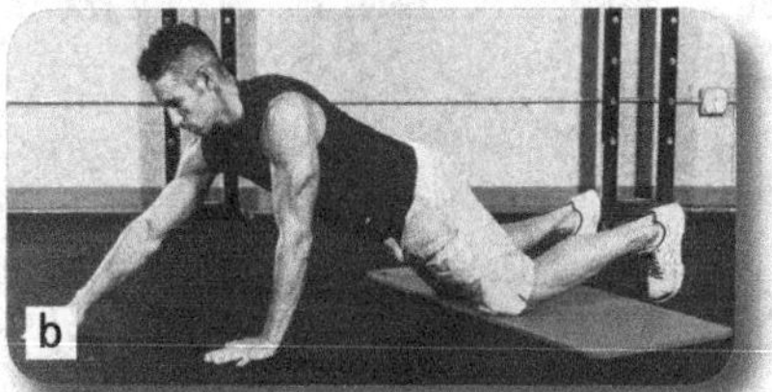

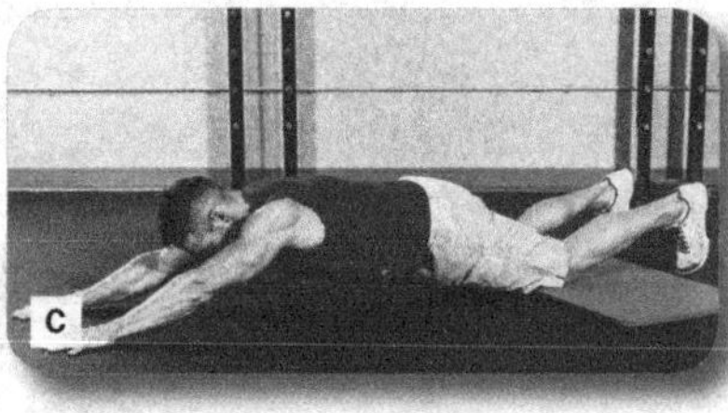

2 分腿深蹲剪刀式跳跃

分开腿下蹲，手指交叉，双手抱头（见图 d）。向上跳起，双腿交叉（见图 e），落地时换另一条腿在前（见图 f）。再次向上跳起，重复这个动作。落地时动静一定要尽量小，动作一定要尽量轻盈，每一次落地都为下一次跳跃增加了起跳动力。

3 霹雳舞俯卧撑

开始时呈俯卧撑姿势，双手和双脚分开，与肩同宽。做俯卧撑（见图g），每次当身体位于最高点时，整个身体向左侧转动，抬右腿，使右腿膝盖够到左臂肘关节，同时保持左手位于下巴下面（见图h）。反向运动，在另一侧做俯卧撑，重复该动作，让左腿膝盖去够右臂肘关节。

4 上波比

俯卧撑平板姿势（见图i），双脚向上跳起，呈蜷伏姿势（见图j），然后直身站立即可。

5 蛙跳

膝关节弯曲约20度，上身前倾，使后背与地面平行，双臂位于两腿之间且指尖碰到地面（见图k）。脊柱挺直，运用爆发力向上跳起，在半空中伸直上体（见图l）。尽量轻轻地落地，回到起始姿势，然后重复该动作。

箭步与拉伸带前推·拉伸带小范围侧拉·分腿深蹲与单臂拉伸带划船

使用一组阻力大的拉伸带，做 20~24 个箭步推举（每做 1 个换一次腿），然后每侧做 20~24 个小范围侧拉，最后做 20~24 个分腿深蹲，每侧做 20~24 个划船。

1 箭步与拉伸带前推

背对拉伸带，将拉伸带的一端系在稳固的结构或者门柱（许多阻力带都附带这样一个固定装备）上大致与肩同高。双脚分开，与髋同宽，双手各握一只手柄，肘关节朝外，前臂与地面平行（见图 a）。向前做箭步，同时双臂向前推，身体稍稍前倾，带动腹部肌肉（见图 b）。收腿，回到初始姿势，手臂也收回。换另一条腿向前做箭步，重复该动作。

2 拉伸带小范围侧拉

双脚分开站立，与肩同宽。双手握住拉伸带的手柄，手柄位于身体右侧的肩部高度；将拉伸带的一端固定在一个稳定结构或者门柱（许多阻力带都附带这样一个固定装备）上。肘关节稍稍弯曲（见图 c），然后将手柄拉向身体左侧，直到两只手刚好位于左肩外侧（见图 d）。手臂向相反的方向（朝着固定拉伸带的一端）水平移动，直到两只手刚好位于右肩外侧。这个练习的动作范围小，大致与肩部宽度相同。一定要保持身体直立，不要转动臀部——臀部应该与拉伸带垂直。进行完一侧所有的动作后，换另一侧重复。

3 分腿深蹲与单臂拉伸带划船

直立站姿，面向拉伸带，将拉伸带的一端固定在稳定的结构或门柱（许多阻力带都附带这样一个固定装备）上，大致与胸部同高。左手握两个手柄，分开腿站立，右腿在前，左腿在后。身体向下运动，完成一次深蹲（见图 e）。当你从深蹲的姿势站起时，做单臂划船动作（见图 f）。当你再次向下深蹲时，放松拉伸带，做划船的反向动作，完成一次完整动作。当一侧的所有重复动作完成后，换另一侧进行，左腿在前，右腿在后。

反式箭步蹲与单臂拉伸带划船・拉伸带小范围侧拉・单臂拉伸带平推

这个复合训练要求在同一侧做完所有的重复动作后再换另一侧。首先做15~20个反式箭步蹲、15~20个左臂拉伸带划船，然后从右到左做15~20个小范围侧拉，最后做15~20个左臂的拉伸带前推。然后在右侧重复该复合训练的动作。

1 反式箭步蹲与单臂拉伸带划船

直立站姿，双脚分开，与髋同宽，面向拉伸带，将拉伸带的一端固定在稳定的结构或者门柱（许多阻力带都附带这样一个固定装备）上，大致与胸部同高。左手握两个手柄，向后迈左腿，降低左膝盖，使之轻轻碰到地面，完成一个反式箭步蹲。在反式箭步蹲的最低处，两个膝关节都呈90度（见图a）。当你从反式箭步蹲中站起，收回左腿、双脚平行时，做划船的动作，即左臂向身体的方向拉，使手腕碰到肋骨（见图b）。反向运动，在伸展左臂的同时再次向后迈左腿。回到双脚平行站立的姿势，同时做划船动作。

a

b

2 拉伸带小范围侧拉

双脚分开，与肩同宽。双手握住拉伸带的手柄，手柄位于身体右侧的肩部高度；将拉伸带的一端固定在一个稳定结构或门柱（许多阻力带都附带这样一个固定装备）上。肘关节稍稍弯曲（见图c），然后将手柄拉向身体左侧，直到两只手刚好位于左肩外侧（见图d）。手臂向相反的方向（朝着固定拉伸带的一端）水平移动，直到两只手刚好位于右肩外侧。这个练习的动作范围小，大致与肩部宽度相同。一定要保持身体直立，不要转动臀部——臀部应该与拉伸带垂直。

c

d

3 单臂拉伸带平推

背对拉伸带，将拉伸带的一端固定在稳定的结构或门柱（许多阻力带都附带这样一个固定装备）上。双腿分开站立，右腿在前，左手握住拉伸带的两个手柄（见图e）。躯干不要转动，左臂向前推（见图f）。慢慢收回左臂，完成一次动作。完成一侧所有的重复动作后，换右臂，左腿在前，继续练习。

e

f

本章的结束语就是“没有健身房，没有负重，没有问题”。你现在已经有了一大把新奇的、好玩的和富有挑战性的自重练习，这些都能保证你锻炼出一个结实的核心肌群、强壮的上体、有力的腿部和臀大肌，还有一副不会反弹的健硕身材。等到第九章，你就可以看到如何将这样的一些自重训练练习组合成一个训练计划。而看到这些训练计划时你将会明白，如何不受地点限制在瞬间就制订出一个顶级的减脂代谢力量训练计划！

第八章
减脂的热身与放松运动

这一章介绍的热身技巧以及放松的理念，应当运用于你的代谢力量计划的开始和结尾。尽管本章的题目是“减脂的热身与放松运动”，但只是附加了“减脂”这个词，并没有办法赋予这些技巧燃烧体脂的特殊力量。这些热身与放松运动本身并不是帮助你减少体脂、保持肌肉的有效方法，但是这些技巧能够提升你代谢力量训练的运动效率，并提供一些特殊的动作和健康益处，让你的训练更加全面。

热身

由于你的训练计划运动量大，因此热身必须使你的身体为接下来的训练做好准备，而通过做低强度的动作即可达到这个目的。尽管静态的拉伸让人身体感觉舒适，慢跑可以提高你的心率，但这些方法不能使你的大脑或身体为训练计划向你提出的所有要求做好准备。

动态的热身是从正常活动到剧烈运动的过渡阶段。在过渡期间，你要花时间做一些低强度的力量训练来激活核心肌群中的一些重要肌肉（臀大肌、背部中央和腹部肌肉），白天在家中或工作时这些肌肉经常得不到使用。你也需要做一些增加整体机动性的练习。这些机动性的动作帮助你深蹲时蹲得更低，硬拉时背部挺得更直，做上举时感觉更舒服，阻力更小。此外，你还需要做一些有一定运动量的动作和协调性练习，这样不仅会提高你的心率，还会让你的整个身体为接下来运动量更大的全身训练做好准备。

下面的热身动作经实践验证，能够保证你的大脑和身体能为任何训练做好准备！它们使你的整个身体活动开，而且在任何地方都可以做，因为它们几乎不使用什么器械，占用的空间也有限。而且，每一套热身动作只需要不到 10 分钟的时间。如果你不愿意花 10 分钟来做一些能帮助你动作更快、感觉更好且让你的计划更加有效率的准备活动，那么对于获得减脂效果这件事，你可能没有你想的那样认真。

动态热身

下面的动态热身练习将帮助你获取并保持机动性和运动能力。这让你做好准备，专注于使用代谢力量训练计划保持肌肉，同时加速新陈代谢来燃烧掉那些不想要的体脂。

用循环的方式反复做下面这 4 个动作。整套动作，即 4 个动作连在一起，做 2~3 组。每一组动作结束后，休息的时间不要超过 30 秒，然后开始下一组。

1 徒手深蹲

直立站姿，双脚分开，与肩同宽，脚稍向外打开，约 10 度。手指交叉，双手抱头，肘关节指向身体外侧（见图 a）。深蹲，弯曲膝关节，呈后坐坐姿（见图 b）。尽量向下蹲，在这个过程中不要晃动下背。在下蹲的过程中，脚后跟不要离开地面，膝盖不要向着身体的中线内翻，并且让膝盖与脚趾处于同一个方向。做 15~20 个。

2 俯卧撑

双手分开放在地上，距离比肩部稍宽，肘关节伸直（见图 c）。做俯卧撑，身体向下运动，同时保持肘关节一直位于手腕正上方（见图 d）。当肘关节的角度刚刚比 90 度小时就开始反向运动，将身体向上撑起，使肘关节再次伸直。做 6~12 个。

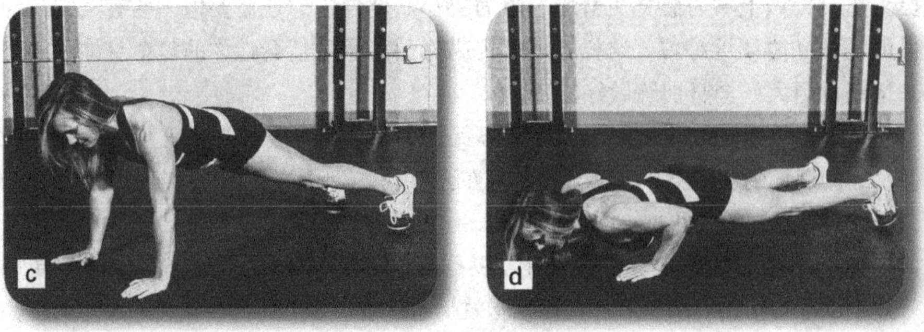

3 T 形转体

呈平板支撑姿势，手腕位于肩部正下方，双脚分开，与肩同宽（见图 e）。转动整个身体，同时转动臀部和肩，将手臂伸向空中（见图 f）。转回到初始姿势，在身体另一侧重复该动作。每侧做 6~8 次。

4 双臂前举箭步

站立站姿，双脚并拢（见图 g）。向前迈步，保持后腿伸直，前膝关节稍稍弯曲。当向前退步时，躯干前倾，向前伸手臂，与腰部同高，同时保持后背挺直（见图 h）。向后迈步回到初始姿势，换另一条腿。每条腿做 6~8 次。

以上4个动作，完成2~3组后开始做下面这3个动作。还是以循环的方式反复，整套动作，即3个动作连在一起，做1~2组。每一组动作结束后，休息的时间不要超过30秒，然后开始下一组。

1 蛙跳

膝关节弯曲约20度，上体前倾，使后背与地面平行，双臂位于两腿之间且指尖碰到地面（见图a）。脊柱挺直，运用爆发力向上跳起，在半空中伸直上体（见图b）。尽量轻轻地落地，回到起始姿势，然后重复该动作。

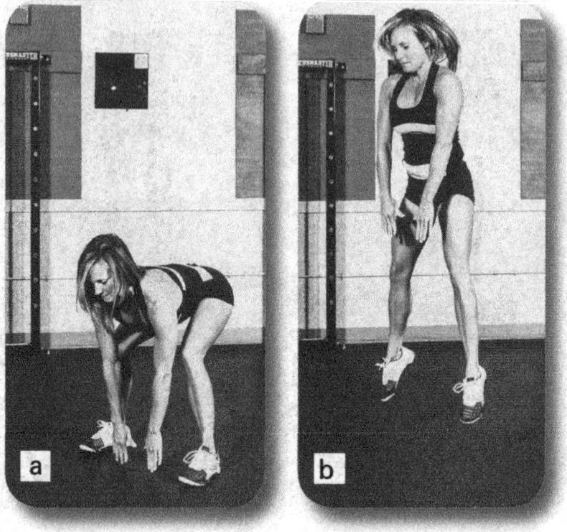

2 反式箭步蹲头上举

直立站姿，双脚并拢（见图c）。一条腿向后退，身体向下做箭步蹲，同时双臂向头上方伸，躯干稍稍后倾（见图d）。回到初始姿势，双脚并拢，换另一条腿重复刚才的动作。每条腿做3~5次。

3 转体摆臂

直立站姿，双臂在肩部前方伸直（见图 e）。迅速转动躯干至身体的一侧，可带动臀部到身后并带动一只手臂到身后（见图 f）。回到初始位置，换另一侧重复该动作。保证动作迅速，具有动态性。每一侧做 5~8 次。

瑞士球热身

对于想要集中锻炼核心肌肉组织（如本书前面所讲，包括所有的躯干肌肉，而不仅仅是你的腹肌）的人来说，瑞士球热身是不错的热身运动。它不仅能激活你全部的核心肌肉组织，还易于记忆，动作之间过渡连贯流畅。

这个热身需要使用一个直径 55~65 厘米的瑞士球。用循环的方式反复做下面这 4 个动作。整套动作，即 4 个动作连在一起，做 2~3 组。每一组动作结束后，休息的时间不要超过 30 秒，然后开始下一组。

1 瑞士球俯卧撑

平板支撑姿势，双手压在瑞士球上，手指指向地面（见图 a）。身体向下运动，做俯卧撑，练习过程中保持后背和颈部伸直（见图 b）。做 5~10 个。

2 Y 形瑞士球后背扩展

胸部压在瑞士球上，膝关节弯曲，躯干与地面平行，手臂悬垂在肩下（见图c）。向外伸手臂，举到肩部高度，拇指朝上（见图d）。

3 瑞士球卷膝

平板支撑姿势，前胫骨搭在瑞士球上（见图e）。向身体内侧卷膝关节（见图f），然后腿向后伸，控制好身体。做10~15次。

4 瑞士球提臀屈腿

仰卧，后背贴在地上，脚后跟搭在瑞士球顶部（见图g）。向上提臀，同时弯曲膝关节，将瑞士球拉向你的身体（见图h和图i）。慢慢反向运动。做10~15次。

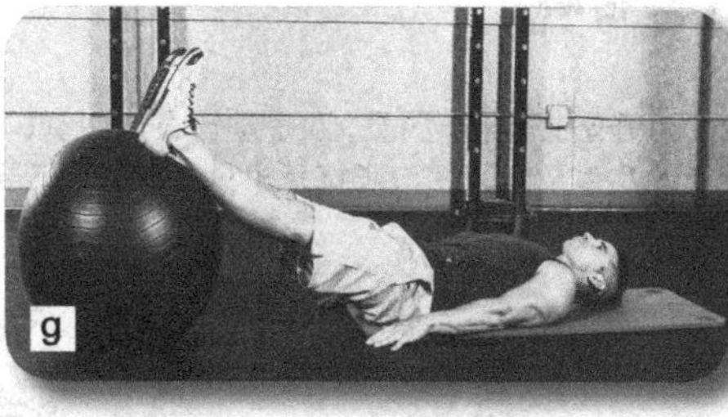
g

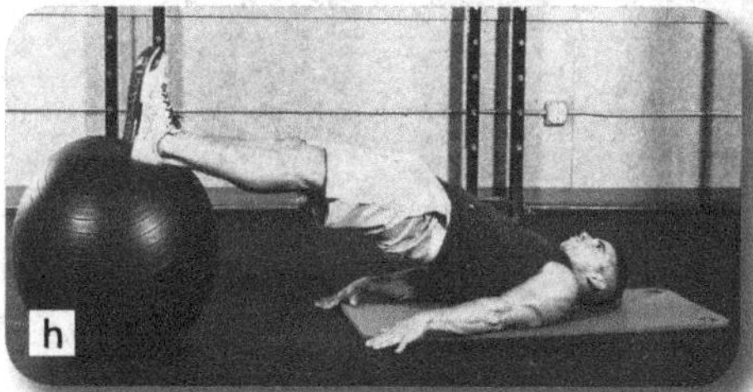
h

i

以上4个动作，完成2~3组后开始做下面这3个动作。还是以循环的方式反复，整套动作，即3个动作连在一起，做1~2组。每一组动作结束后，休息的时间不要超过30秒，然后开始下一组。

1 侧弓步手臂侧伸

站立，双臂悬垂于身体两侧（见图a）。左腿向左迈一步，身体降低，在做侧弓步的同时右手臂从头上方伸向左侧（见图b）。左手应该悬于左脚边。收腿，回到初始位置，换另一侧重复该动作。每一侧做3~5次。

a

b

2 开合跳

双脚分开站立，与肩同宽，双手垂于身体两侧（见图 c）。向上跳起，同时将手臂上举到头顶，跳起的高度要足以使双脚打开（见图 d）。不要停，迅速回归初始姿势。跳 15~20 次。

3 交叉跳

双脚分开站立，间距比髋部宽，手臂伸直向两侧侧平举，与肩部同高（见图 e）。向上跳起，同时双臂在胸前交叉，跳起的高度要足以让一条腿交叉在另一条腿前（见图 f）。不要停，迅速回归初始位置。重复该动作，换另一条腿交叉在前面，换另一只手臂交叉在上方。做 15~20 次。

拉伸带热身

与瑞士球热身相似，拉伸带热身也易于记忆，因为动作间的过渡连贯流畅。而且用拉伸带热身可以在极短的时间里做许多事情，因为它让你活动开整个身体，从初始位置开始，涉及了每一个基础动作模式。

做这个热身需要使用中等强度的拉伸带。拉伸带的弹性应当足够小，能够让你在控制好身体的前提下成功完成规定的动作次数，同时又能提供足够大的阻力，让热身运动切实有效。

用循环的方式反复做下面这4个动作。整套动作，即4个动作连在一起，做2~3组。每一组动作结束后，休息的时间不要超过30秒，然后开始下一组。

1 交替拉伸带划船

分开腿站立，面对固定拉伸带的方向，膝关节稍稍弯曲，双手各握一个手柄（见图a）。手臂循环交替向身体拉拉伸带（见图b）。保持快速并且稳定的节奏。每种姿势各拉20~30下（即右腿在前拉20~30下，左腿在前拉20~30下）。

a

b

2 拉伸带小范围侧拉

双脚分开，与肩同宽。双手握住拉伸带的手柄，手柄位于身体右侧的肩部高度；将拉伸带的一端固定在一个稳定结构或者门柱（许多阻力带都附带这样一个固定装备）上。把两个手柄放在身体右侧，肘关节稍稍弯曲（见图c），然后将手柄拉向身体左侧，直到两只手刚好位于左肩外侧（见图d）。手臂向相反的方向（朝着固定拉伸带的一端）水平移动，直到

c

d

两只手刚好位于右肩外侧。这个练习的动作范围小，大致与肩部宽度相同。一定要保持身体直立，不要转动臀部——臀部应该与拉伸带垂直。每一侧拉伸 10~15 次。

3 箭步与拉伸带前推

背对固定拉伸带的方向（见图 e），一条腿向前做箭步，同时双臂沿着胸部的高度向前推（见图 f）。反向运动，换另一条腿向前做箭步，同时双臂前推。交替重复该动作。总共做 20~24 次。

4 徒手深蹲

直立站姿，双脚分开，与肩同宽，脚稍向外打开，约 10 度。手指交叉，双手抱头，肘关节指向身体外侧（见图 g）。深蹲，弯曲膝关节，呈后坐坐姿（见图 h）。尽量向下蹲，在这个过程中不要晃动下背。下蹲的过程中，脚后跟不要离开地面，膝盖不要向着身体的中线内翻，并且让膝盖与脚趾处于同一个方向。做 15~20 个。

以上 4 个动作，完成 2~3 组后开始做下面这 3 个动作。还是以循环的方式反复，整套动作，即 3 个动作连在一起，做 1~2 组。每一组动作结束后，休息的时间不要超过 30 秒，然后开始下一组。

1 侧体手臂一字形伸展

左侧卧，膝关节弯曲 90 度，手臂在身前伸直，掌心相对（见图 a）。保持左臂以及双腿位置不变，向右侧转动躯干到最大限度，直到右手和上背部平贴在地面上（见图 b 和图 c）。保持 2 秒钟，回到初始位置。每侧做 5~10 次。

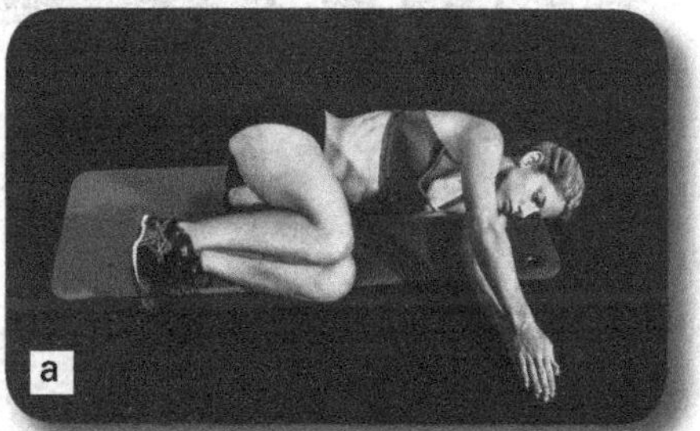

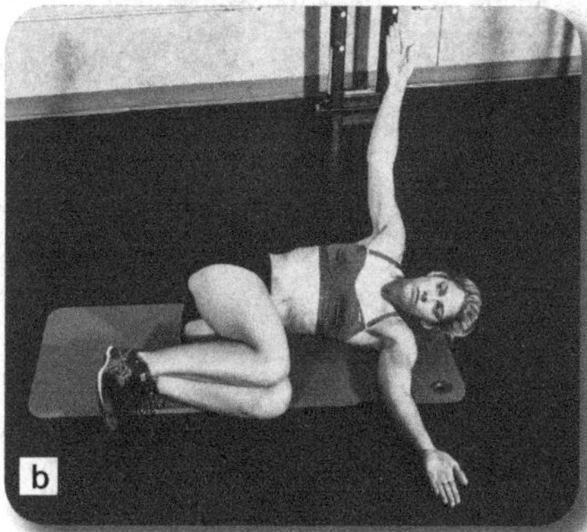

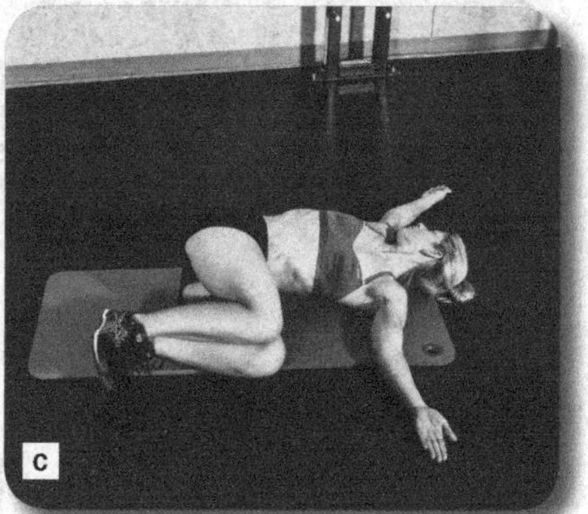

2 瑜伽组合

开始是俯卧撑的姿势，向后上方提臀部，让身体呈一个三角形，臀部位于三角形的最高点（见图 d 和图 e）；这个姿势在瑜伽中被称作“下犬式”。从这个姿势开始，手心应紧贴地面，并缓缓将脚后跟踩向地面，不要用惯性；保持的姿势让你的腿后侧处于温和的拉伸状态即可。慢慢抬左脚，放在左手旁（见图 f），然后向左侧转动躯干，同时向上伸左臂（见图 g）。回到下犬式的姿势。换另一侧重复该动作。每侧做 3~5 次。

d

e

f

g

3 原地跳

直立站姿，双脚位于髋下，肘关节弯曲，手指朝上（见图h）。尽可能快地原地上下跳跃，保持膝关节放松，每次跳起时用双臂帮助带动身体（见图i）。跳 15~20 下。

h

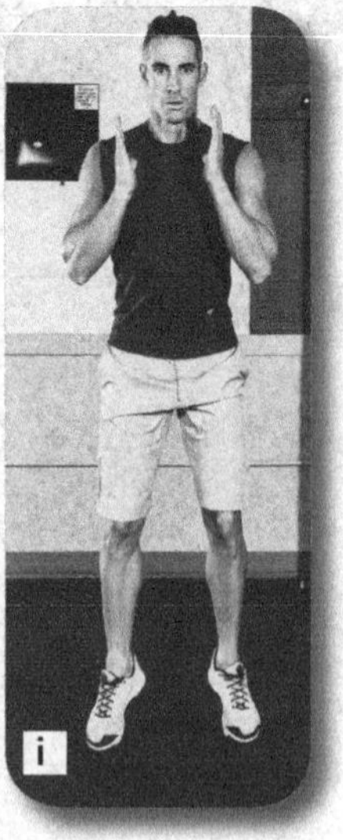
i

放松运动

如果说动态的热身是从正常活动到剧烈运动的过渡阶段，那么放松恰好相反——它是从较剧烈的运动回到日常活动。很多训练者喜欢做一些10~20分钟的心肺练习作为放松，这完全没问题。但是，对于许多人来说，可能这还不足以帮助他们在完成类似下一章的训练计划后感觉更放松、身体不那么紧张。

我推荐的一个方法就是使用瑜伽柱、实心橡皮球或网球（用于更小、更有针对性的区域）来自我按摩。自我按摩技巧似乎能在你按摩的区域创造出神经肌肉的放松感，这样也帮助了与被按摩区域相关联的区域得到放松，因为你的身体是一个内在联系的单元。

自我按摩不仅能够增加活动范围，还让人们训练后感觉更放松，所以推荐读者进行自我按摩。

在列举可以进行自我按摩的身体区域之前，这里有一些需要浏览的按摩原则。

· 按摩时，沿着肌群的长度上下滚动15~20次；如果你喜欢计算时间，那就是每个区域滚动30~40秒。

· 开始时把球或者柱子放在你要按摩的那块区域的中间位置，然后从那里开始按。

· 从中间位置开始按，沿着肌肉的长度滚动整个区域。

· 感觉稍稍不舒服（轻微的不适感）即可，避开疼痛的地方。

· 施加的压力让你能感到放松，保持正常的呼吸速率即可。

· 不要在受伤或发炎的区域（例如患肌腱炎的区域）滚动。

下面介绍了如何按摩身体的各个部位。

脚

将大部分重心放在一条腿上，同时将另一只脚踩在网球上，让网球沿着足底前后滚动。如果需要，可以扶住东西以增加平衡。示例见图a。

小腿肚

双腿伸直，右腿交叉放在左腿上。把瑜伽柱放在左腿小腿肚中部的下方，稍稍将臀部抬离地面，用双臂的力量使身体在瑜伽柱上滚动，上面的（右）腿作为某种负重。完成一条腿的按摩后，换另一条腿。示例见图b。

背部中央

仰卧在瑜伽柱上，让瑜伽柱位于背部中央区域的正下方。双臂交叉于胸前。臀部抬离地面，用腿部的力量让瑜伽柱在背部中央（胸椎）区域上下滚动。示例见图 c。

肱四头肌

俯卧姿势，两肘撑地，右大腿搭在瑜伽柱的顶端，左膝关节向身体外侧弯曲。用手臂的力量让右腿在瑜伽柱上上下滚动。右腿按摩完后换左腿。示例见图 d。

背阔肌

侧卧，左背阔肌位于瑜伽柱上，左臂向外伸展。沿着肌肉的长度上下滚动瑜伽柱，然后换另一侧重复该动作。示例见图 e。

臀大肌

坐在瑜伽柱或实心球上，让瑜伽柱或实心球位于左臀大肌下方。左腿踝关节放在右腿膝关节上。滚动瑜伽柱或实心球，按摩整个左臀大肌的区域，保证按摩到了整个左臀大肌的肌肉区域。按摩完左臀大肌，换另一侧，右腿交叉放在左腿上，滚动按摩右臀大肌。示例见图 f。

胸肌和肱二头肌

跪姿，张开双腿，把右肩放在实心球上，右臂向身体右侧伸展，左手放在地上轻轻支撑你的身体。水平滚动实心球，让球在你的肱二头肌到右胸肌区域间滚动。按摩完右侧，换左侧重复该动作。示例见图 g。

如果你的身体有一块区域，本书没有提及它的按摩方法，但你认为自己按摩该区域后会感觉更舒服，那么就可以把网球放在身体的这个区域进行按摩。只要记住前面提供的那几条按摩原则即可，尤其是避免按摩发炎区域这一条，因为按摩这里可能会加重炎症。

本章提供的热身理念和自我按摩（放松）的方法有一个额外的好处，那就是白天的任何时候，你都可以照此锻炼，这有助于你的身体状态变得更好，行动更敏捷。如果你忙个不停，就想简单活动一下，那么从本章提供的热身运动中选一组做几次，一定会使你微微出汗，帮助你重新恢复活力。一天之中你都可以进行自我按摩，无论在家中还是办公室，这都能帮助你感到更放松和舒适。自我按摩在功效上仅次于真正的按摩，你可以在方便的时候自己给自己按摩，而且还不用花费额外的费用。

第九章
减脂训练计划

现在你已经学会了如何安全、有效地执行各种代谢力量训练的练习和方案，你在实际应用中肯定也是感到兴奋的。那么是时候把这些很棒的练习概念放在一起，形成实际的训练计划，与前面讨论的营养方案一起，帮助你提升肌肉和力量了。在减去体脂的同时，让你得到漂亮的身材。

这里你将获得的训练计划，是专为帮助你充分利用在健身房的时间而设计的。尽管这些计划留出了充足的休息时间，你仍会发现它们令人兴奋，因为这些计划节奏快，包括了各种各样基于3C的练习理念。你将看到，你有大量的练习项目可以选择，保证你兴趣持久，一直体验到挑战性。

初学者的适应性训练计划

如果你刚刚开始或是做力量训练有一定时间了，那么我建议你进行表9.1所示的训练计划。如果你觉得在家中开始训练更舒服，那么表9.2提供了另一个初级训练计划，只用到了自重和拉伸带的练习。

根据这两个训练计划，你每周都要锻炼3~4次，持续2周，但是不要连着锻炼超过2天。你将分别进行a组和b组的练习，当能够将a组与b组合起来作为一组练习进行后，再进入下一个的a组、b组练习。注意每一个练习的动作技巧，做每一次动作时都要有意识地加以控制。使用的负重要能使你保持对身体的控制。此外，不要因做这些练习而让肌肉受损，也就是说，你使用的负重应当在每组动作结束时只产生适度的肌肉疲乏。最后，在开始训练计划前，你应当进行动态热身运动，训练结束时要做放松运动（参见第八章）。

训练规则和建议

执行任何健身计划的首要目标都是避免伤害自己。而训练时保证安全性最大化的最好办法就是专注于提升技术，做所有的练习时都要有意识地控制。没错，这些训练计划强度大，但是高强度的训练不能成为技术差的理由。开始训练计划前，有一些关键的事项需要注意。

代替等效练习

如果使用本书前面所讲的动作技巧，你不能够完成给定的练习，那么找一个等效的练习代替，这个练习是你在能控制自己身体的前提下可以完成的。

如果你使用的训练计划中有的项目让你感到疼痛，那么就用不会让你感到疼痛的等效练习代替它。在下一章中我们将会详细讨论这一点。

必要时要休息

对于适应性和肌肉基础训练计划，将 a 组、b 组合起来作为一个超级组合（2 个练习 =1 组）进行锻炼，需要的时候就休息够，不必休息的时候就不要休息。能够完成超级组合的训练后，再进入下一个训练。下面的代谢力量训练计划在每组动作之间都给出了建议休息的时间。

如果你需要的休息时间比计划中规定的时间稍长才能控制好自己的身体完成重复动作，那么就这样做吧。这个计划强调动作质量更胜过动作的数量！

使用合适的负重

本书中的每个动作都配了图片，但图片中显示的负重并不是要让你按照这个重量来使用；图片单纯是为了展示动作技巧。当进行循环训练的练习或是做最后一个练习（通常放在每个计划的最后）时，使用的负重将由提供的动作重复次数来决定。例如，如果训练计划要求做 3 组，每组做 8~10 个动作，那么你使用的负重必须让你觉得做 8 个动作有挑战性（做每一组动作时都是如此），而无法做超过 10 个动作。为了达到这种效果，当使用相同的负重做每组动作时，你可能需要第一组做 10 个，第二组做 9 个，第三组和最后一组做 8 个，以保持重复 8~10 次，且弥补训练向前推进时积累下的无法避免的疲劳感。

如果你喜欢做每组练习时重复相同的动作次数，另一个选择就是每一组使用的负重比上一组轻 5%，这样可以适应 5%~10% 的力量损失。通常每做一组练习都会有 5%~10% 的力量损失。

同样，要记住当你进行组合或是复合训练时，使用的负重是由其中你最不擅长的练习或者动作决定的。例如，你在进行一个复合练习，包括俯身划船、罗马尼亚式硬拉、高翻和头上推举，很可能在做罗马尼亚式硬拉时你可以举起比头上推举更重的重量。

表 9.1 初学者的适应性训练计划

动作	页码	第一周	第二周
1a. 杯式深蹲	052	1~2 组，每组 6~8 个	2~3 组，每组 6~8 个
1b. 单臂自由站姿哑铃划船	037	1~2 组，每组 8~10 个（每侧）	2~3 组，每组 8~10 个（每侧）
2a. 杠铃罗马尼亚式硬拉	042	1~2 组，每组 8~10 个	2~3 组，每组 8~10 个
2b. T 形俯卧撑	097	1~2 组，每组 8~10 个	2~3 组，每组 8~10 个
3a. 瑞士球提臀屈腿	176	1~2 组，每组 8~10 个	2~3 组，每组 8~10 个
3b. 单臂哑铃头上推举	029	1~2 组，每组 6~8 个（每侧）	2~3 组，每组 6~8 个（每侧）
4a. 反手引体向上或拉力器下拉	034	1~2 组，每组 8~10 个	2~3 组，每组 8~10 个
4b. 哑铃或徒手反式箭步蹲	053，171	1~2 组，每组 6~8 个（每侧）	2~3 组，每组 6~8 个（每侧）
5. 拉力器小范围侧拉	064	1~2 组，每组 10~12 个（每侧）	2~3 组，每组 10~12 个（每侧）

表 9.2 初学者家中适应性训练计划

动作	页码	第一周	第二周
1a. 徒手深蹲	171	2 组，每组 8~12 个	3 组，每组 8~12 个
1b. 单臂拉伸带划船	189，	2 组，每组 10~12 个（每侧）	3 组，每组 10~12 个（每侧）
2a. 点膝深蹲	054	2 组，每组 6~8 个（每侧）	3 组，每组 6~8 个（每侧）
2b. 俯卧撑	095	2 组，每组 8~12 个	3 组，每组 8~12 个
3a. 瑞士球提臀屈腿	176	2 组，每组 8~10 个	3 组，每组 8~10 个
3b. 单臂拉伸带平推	185	2 组，每组 10~12 个（每侧）	3 组，每组 10~12 个（每侧）
4a. 拉伸带下拉	194	2 组，每组 10~12 个	3 组，每组 10~12 个
4b. 徒手反式箭步蹲	171	2 组，每组 4~6 个（每侧）	3 组，每组 4~6 个（每侧）
5a. 拉伸带小范围侧拉	196	2 组，每组 10~12 个（每侧）	3 组，每组 10~12 个（每侧）
5b. 瑞士球卷膝	062	2 组，每组 8~10 个（每侧）	3 组，每组 8~10 个（每侧）

肌肉基础训练计划

如果你已经在进行力量训练，或者你已经完成了前面提供的 2 周适应性训练计划，你将开始进行 4 周的肌肉基础训练计划，以保证你的身体为使用代谢力量训练 3C 训练法的强度更大的训练做好准备。

当你完成了表 9.3a 和表 9.3b 的 4 周肌肉基础训练项目后，你就已经准备好，可以进行本章后面提供的任何一个训练计划了。

下面的项目基于 2 个训练计划：计划 A 和计划 B。你将每周训练 4 次，但连续训练的时间不能超过 2 天。尽管两个训练计划都包括了上身和下身的动作，但每一个训练计划针对身体的区域是不同的，具体如下。

- 计划 A：股四头肌、背阔肌、背部中央、腹肌、小腿肚、肱二头肌。
- 计划 B：绳肌、臀大肌、胸部、腹外斜肌、肩部、肱三头肌。

由于这个训练计划是为了使肌肉增长最大化并促进结缔组织的生长，所以它能让你用足够的训练量锻炼每一个肌肉群，并产生生长刺激。同时，还能让你在两个训练计划之间得到最佳的恢复。换句话说，当你在进行计划 B 时，在计划 A 锻炼过的肌肉都在恢复，但是这些天你还能保持一个积极的状态，让你能够进行更频繁的锻炼，因此能加速你的健身水平的提升。

表 9.3a　肌肉基础训练计划 A

动作	页码	第一周	第二周	第三周	第四周
1a. 杠铃颈前深蹲	051	2 组，每组 6~8 个	2 组，每组 8~10 个	3 组，每组 6~8 个	3 组，分别做 12 个、10 个、8 个
1b. 单臂自由站姿哑铃划船	037	2 组，每组 8~10 个（每侧）	2 组，每组 10~12 个	3 组，每组 8~10 个（每侧）	3 组，分别做 14 个、12 个、10 个（每侧）
2a. 哑铃反式箭步蹲	053	2 组，每组 6~8 个	2 组，每组 8~10 个	3 组，每组 6~8 个	3 组，分别做 12 个、10 个、8 个
2b. 反手引体向上或拉力器下拉	034	2 组，每组 6~8 个	2 组，每组 8~10 个	3 组，每组 6~8 个	3 组，分别做 12 个、10 个、8 个
3a. 哑铃卧推凳登台阶	055	2 组，每组 6~8 个（每侧）	2 组，每组 8~10 个	3 组，每组 6~8 个（每侧）	3 组，分别做 12 个、10 个、8 个（每侧）
3b. 哑铃平板支撑划船	056	2 组，每组 6~8 个	2 组，每组 8~10 个	3 组，每组 6~8 个	3 组，分别做 12 个、10 个、8 个
4a. 杠铃负重举重	121	2 组，每组 8~10 个	2 组，每组 10~12 个	3 组，每组 8~10 个	3 组，分别做 15 个、12 个、10 个
4b. 哑铃臂弯举	041	2 组，每组 6~8 个（每侧）	2 组，每组 8~10 个	3 组，每组 6~8 个（每侧）	3 组，分别做 12 个、10 个、8 个（每侧）
5a. 瑞士球前后摆	061	2 组，每组 10~12 个	2 组，每组 12~14 个	3 组，每组 10~12 个	3 组，每组 12~14 个
5b. 瑞士球卷膝	062	2 组，每组 8~10 个	2 组，每组 10~12 个	3 组，每组 8~10 个	3 组，每组 10~12 个

表 9.3b　肌肉基础训练计划 B

动作	页码	第一周	第二周	第三周	第四周
1a. 杠铃罗马尼亚式硬拉	42	2 组，每组 6~8 个	2 组，每组 8~10 个	3 组，每组 6~8 个	3 组，分别做 12 个、10 个、8 个
1b. 盒子交叉俯卧撑	181	2 组，每组 4~6 个（每侧）	2 组，每组 6~8 个（每侧）	3 组，每组 4~6 个（每侧）	3 组，分别做 10 个、8 个、6 个
2a. 水平臀部屈伸	47	2 组，每组 8~10 个	2 组，每组 10~12 个	3 组，每组 8~10 个	3 组，分别做 12 个、10 个、8 个
2b. 单臂头上推举（哑铃）	161	2 组，每组 4~6 个（每侧）	2 组，每组 6~8 个（每侧）	3 组，每组 4~6 个（每侧）	3 组，分别做 10 个、8 个、6 个（每侧）

表 9.3b　肌肉基础训练计划 B（续表）

动作	页码	第一周	第二周	第三周	第四周
3a. 单腿臀推（最高位置停留 2 秒）	176	2 组，每组 6~8 个（每侧）	2 组，每组 8~10 个（每侧）	3 组，每组 6~8 个（每侧）	3 组，分别做 12 个、10 个、8 个（每侧）
3b. 哑铃卧推	028	2 组，每组 6~8 个	2 组，每组 8~10 个	3 组，每组 6~8 个	3 组，分别做 12 个、10 个、8 个
4a. 侧肘平板支撑哑铃侧平举	056	2 组，每组 6~8 个	2 组，每组 8~10 个	3 组，每组 6~8 个	3 组，分别做 12 个、10 个、8 个
4b. 肱三头肌哑铃仰卧臂屈伸	033	2 组，每组 6~8 个（每侧）	2 组，每组 8~10 个（每侧）	3 组，每组 6~8 个（每侧）	3 组，分别做 12 个、10 个、8 个（每侧）
5a. 瑞士球提臀屈腿	176	2 组，每组 10~12 个	2 组，每组 12~14 个	3 组，每组 10~12 个	3 组，每组 12~14 个
5b. 瑞士球旋转	199	2 组，每组 15~20 秒	2 组，每组 15~20 秒	3 组，每组 15~20 秒	3 组，每组 15~20 秒

代谢力量训练计划

现在你应该看看如何将练习技巧结合在一起，形成一个全面的训练计划了。下面给出的训练计划样本，包括了代谢力量训练的 3C 训练：复合训练、循环训练和组合训练。但在进行这些训练项目前，知道每周什么时候锻炼以及锻炼的频率是非常重要的。使用代谢力量训练计划，你应当知道下面这些事情。

代谢力量训练计划

表 9.4 至表 9.15 的六个训练计划都由两部分组成——计划 A 和计划 B，两个计划交替进行。 每个训练计划持续 4~5 周时间，然后开始下一个训练计划，每个训练计划设计的都是每周锻炼 3~4 天，但是连续锻炼不能超过 2 天，这样是为了让你的训练不会变得单调无聊。

如果你每周锻炼 3 天，一个训练计划持续 5 周，那么可以按照这样的顺序使用 A、B 两个训练计划：第一周 A、B、A；第二周 B、A、B，以此类推。如果你每周锻炼 4 天，每个训练计划 4 周，A、B 交替进行。建议这样锻炼，因为这样效果最佳。

我已经给了你一套训练计划，你可以根据训练环境轻松对它做出调整，“拿来即用”。为了适应你特殊的训练环境，可以用同一类别的相似动作代替下面计划中的训练项目，这没有问题，实际上我还鼓励你这样做。换句话说，如果有某个上肢推力动作，你没有可利用的器械，或者你的能力不足以完成这个动作，那么可以在训练计划的该动作位置，插入一个能更好地与你的训练条件和能力相适应的其他动作。

重要的是要注意，提供这些训练计划是要帮助你（以正确的方向）积极地推进你自己的训练规划，我已经向你展示了如何通过多种方式来组合这些代谢力量训练的概念和技巧，从而形成一个全面的训练计划。因此，不要只是跟随这些训练计划，还要将它们作为模板来使用，构建和发展无穷无尽的、属于你自己的代谢力量训练计划。

表 9.4　代谢力量训练计划 1：计划 A

	页码	第一周	第二周	第三周	第四周
杠铃组合训练		总共 8 分钟（速度尽量快）	总共 9 分钟（速度尽量快）	总共 10 分钟（速度尽量快）	总共 10 分钟（速度尽量快，负重要比第三周的重）
俯身划船	036	1 个	1 个	1 个	1 个
杠铃罗马尼亚式硬拉	042	2 个	2 个	2 个	2 个
杠铃高翻	070	1 个	1 个	1 个	1 个
头上推举	071	1 个	1 个	1 个	1 个
		休息 3~4 分钟	休息 3~4 分钟	休息 2~3 分钟	休息 2~3 分钟
四级大循环训练		总共 4~5 组	总共 4~5 组	总共 4~5 组	总共 4~5 组
反手引体向上或拉力器下拉	034	6~8 个	6~8 个	8~10 个	8~10 个
深蹲跳	096	6~8 个	6~8 个	8~10 个	8~10 个
盒子交叉俯卧撑	181	总共 10~14 个	总共 10~14 个	总共 14~20 个	总共 14~20 个
瑞士球旋转	199	5~6 个（每侧）	5~6 个（每侧）	6~8 个（每侧）	6~8 个（每侧）
		每组间休息 2~3 分钟	每组间休息 2~3 分钟	每组间休息 1~2 分钟	每组间休息 1~2 分钟
单侧农夫行走复合训练		每侧 2~3 组	每侧 2~3 组	每侧 2~3 组	每侧 2~3 组
单臂农夫行走（1 圈；右手）	057	总共 25~35 米	总共 25~35 米	总共 35~45 米	总共 35~45 米
单臂自由站姿哑铃划船（左手）	037	6~8 个	6~8 个	8~10 个	8~10 个
单臂农夫行走（1 圈；右手）	057	总共 25~35 米	总共 25~35 米	总共 35~45 米	总共 35~45 米
单臂哑铃头上屈膝推举（左手）	030	6~8 个	6~8 个	8~10 个	8~10 个
单臂农夫行走（1 圈；右手）	057	总共 25~35 米	总共 25~35 米	总共 35~45 米	总共 35~45 米
哑铃肩部反式箭步蹲（左手拿哑铃；向后退左腿）	139	6~8 个	6~8 个	8~10 个	8~10 个
单臂农夫行走（1 圈；右手）	057	总共 25~35 米	总共 25~35 米	总共 35~45 米	总共 35~45 米
		换另一侧前休息 30 秒。每组之间休息 2 分钟	换另一侧前休息 30 秒。每组之间休息 2 分钟	换另一侧前休息 30 秒。每组之间休息 2 分钟	换另一侧前休息 30 秒。每组之间休息 2 分钟
独立练习		2~3 组	2~3 组	2~3 组	2~3 组
瑞士球提臀屈腿	176	12~15 个	12~15 个	15~20 个	15~20 个
Y 形瑞士球后背扩展	195	12~15 个	12~15 个	15~20 个	15~20 个
		超级组合间休息 60 秒	超级组合间休息 60 秒	超级组合间休息 60 秒	超级组合间休息 60 秒

表 9.5　代谢力量训练计划 1：计划 B

	页码	第一周	第二周	第三周	第四周
角度杠铃组合训练		7 分钟（尽量多做几组）	8 分钟（尽量多做几组）	9 分钟（尽量多做几组）	9 分钟（尽量多做几组，负重比第三周的重）
角度硬拉	130	1 个	1 个	1 个	1 个
角度旋转推举（每做 3~6 个换另一侧）	130	1 个	1 个	1 个	1 个
		休息 3~4 分钟	休息 3~4 分钟	休息 2~3 分钟	休息 2~3 分钟
四级大循环训练		4~5 组	4~5 组	4~5 组	4~5 组
双臂哑铃上勾拳	030	6~8 个	6~8 个	8~10 个	8~10 个
哑铃箭步蹲	053	6~8 个	6~8 个	8~10 个	8~10 个
单臂拉力器划船	038	8~10个(每侧)	8~10 个（每侧）	10~12（每侧）	10~12（每侧）
瑞士球卷膝	062	10~14 个（每侧）	10~14 个（每侧）	14~20个(每侧)	14~20 个（每侧）
		每组间休息 2~3 分钟	每组间休息 2~3 分钟	每组间休息 1~2 分钟	每组间休息 1~2 分钟
哑铃复合训练		3~4 组（每侧）	4~5 组（每侧）	5~6 组（每侧）	5~6 组（每侧）
俯身划船	113	5~6 个	6~7 个	6~7 个	7~8 个
单腿罗马尼亚式硬拉	135	5~6 个（每侧）	6~7 个（每侧）	6~7 个（每侧）	7~8 个（每侧）
前蹲	136	5~6 个	6~7 个	6~7 个	7~8 个
俯卧撑到平板支撑划船	136	6~8 个	8~10 个	8~10 个	10~12 个
		每组间休息 2~3 分钟	每组间休息 2~3 分钟	每组间休息 1~2 分钟	每组间休息 1~2 分钟
独立练习		2~3 组	2~3 组	2~3 组	2~3 组
双臂伐木	065	8~10个(每侧)	8~10 个（每侧）	10~12个(每侧)	10~12 个（每侧）
肱三头肌拉力器屈伸	033	8~10 个	8~10 个	10~12 个	10~12 个
		超级组合间休息 60 秒	超级组合间休息 60 秒	超级组合间休息 60 秒	超级组合间休息 60 秒

表 9.6　代谢力量训练计划 2：计划 A

	页码	第一周	第二周	第三周	第四周
壶铃组合训练		8 分钟（尽量多做几组）	9 分钟（尽量多做几组）	10 分钟（尽量多做几组）	10 分钟（尽量多做几组，负重比第三周的重）
双臂摆举	100	2 个	2 个	2 个	2 个
双臂摆翻	101	1 个	1 个	1 个	1 个
壶铃肩部反式箭步蹲	154	1 个（每条腿）	1 个（每条腿）	1 个（每条腿）	1 个（每条腿）
双臂头上推举	152	1 个	1 个	1 个	1 个
		休息 3~4 分钟	休息 3~4 分钟	休息 2~3 分钟	休息 2~3 分钟
四级大循环训练		3~4 组	3~4 组	4~5 组	4~5 组
哑铃卧推	028	8~10 组	8~10 组	8~10 组	8~10 组
侧向弹跳	178	6~8 个（每侧）	6~8 个（每侧）	6~8 个（每侧）	6~8 个（每侧）
单臂哑铃卧推凳划船	037	6~8 个（每侧）	6~8 个（每侧）	6~8 个（每侧）	6~8 个（每侧）
单腿臀推	046	10~15 个	10~15 个	10~15 个	10~15 个
		每组间休息 2~3 分钟	每组间休息 2~3 分钟	每组间休息 1~2 分钟	每组间休息 1~2 分钟
哑铃复合训练		4 组	4 组	5 组	5 组
上勾拳	030	6~8 个（每侧）	6~8 个（每侧）	6~8 个（每侧）	6~8 个（每侧）
前蹲和单腿罗马尼亚式硬拉	136, 135	6~8 个	6~8 个	6~8 个	6~8 个
单臂哑铃卧推凳划船	037	6~8 个（每侧）	6~8 个（每侧）	6~8 个（每侧）	6~8 个（每侧）
		每组间休息 2~3 分钟	每组间休息 2~3 分钟	每组间休息 1~2 分钟	每组间休息 1~2 分钟
独立练习		2~3 组	2~3 组	2~3 组	2~3 组
瑞士球俯卧撑	225	12~15 个	12~15 个	尽量多做	尽量多做
瑞士球旋转	199	5~6 个（每个方向）	5~6 个（每个方向）	6~8 个（每个方向）	6~8 个（每个方向）
Y 形瑞士球后背扩展	195	12~15 个	12~15 个	15~20 个	15~20 个
		超级组合间休息 60 秒	超级组合间休息 60 秒	超级组合间休息 60 秒	超级组合间休息 60 秒

表 9.7　代谢力量训练计划 2：计划 B

	页码	第一周	第二周	第三周	第四周
哑铃（单侧）组合训练		8 分钟（尽量多做几组）	9 分钟（尽量多做几组）	10 分钟（尽量多做几组）	10 分钟（尽量多做几组，负重比第三周大）
单臂波比	089	1 个	1 个	1 个	1 个
单臂辅助高翻	091	1 个	1 个	1 个	1 个
单侧哑铃肩部前蹲	092	1 个	1 个	1 个	1 个
单臂上勾拳	092	1 个	1 个	1 个	1 个
		休息 3~4 分钟	休息 3~4 分钟	休息 3~4 分钟	休息 2~3 分钟
五级大循环训练		4~5 组	4~5 组	4~5 组	4~5 组
拉力器下拉	034	8~10 个	8~10 个	8~10 个	8~10 个
哑铃卧推凳登台阶	055	6~8 个（每侧）	6~8 个（每侧）	6~8 个（每侧）	6~8 个（每侧）
后推俯卧撑	182	6~8 个	6~8 个	6~8 个	6~8 个
单腿单臂哑铃罗马尼亚式硬拉	043	6~8 个（每侧）	6~8 个（每侧）	6~8 个（每侧）	6~8 个（每侧）
蜗牛移动	197	5~8 个	5~8 个	5~8 个	5~8 个
		每组间休息 2~3 分钟	每组间休息 2~3 分钟	每组间休息 1~2 分钟	每组间休息 1~2 分钟
拉伸带复合训练		4 组	4 组	5 组	5 组
箭步与拉伸带前推	184	20~24 个（总共）	20~24 个（总共）	20~24 个（总共）	20~24 个（总共）
拉伸带小范围侧拉	196	20~24 个（每侧）	20~24 个（每侧）	20~24 个（每侧）	20~24 个（每侧）
箭步蹲单臂拉伸带划船	191	10~12 个（每侧）	10~12 个（每侧）	10~12 个（每侧）	10~12 个（每侧）
		每组间休息 2~3 分钟	每组间休息 2~3 分钟	每组间休息 1~2 分钟	每组间休息 1~2 分钟
独立练习		2~3 组	2~3 组	2~3 组	2~3 组
悬挂肱二头肌卷曲	194	12~15 个	12~15 个	12~15 个	12~15 个
宽握距悬挂划船	188	12~15 个	12~15 个	尽量多做	尽量多做
		超级组合间休息 60 秒	超级组合间休息 60 秒	超级组合间休息 60 秒	超级组合间休息 60 秒

表 9.8 代谢力量训练计划 3：计划 A

	页码	第一周	第二周	第三周	第四周
哑铃（单侧）组合训练		8 分钟（尽量多做几组）	9 分钟（尽量多做几组）	10 分钟（尽量多做几组）	10 分钟（尽量多做几组，负重比第三周的重）
单臂摆举	084	2 个	2 个	2 个	2 个
单臂辅助高翻	085	1 个	1 个	1 个	1 个
单侧哑铃肩部前蹲	086	1 个	1 个	1 个	1 个
单臂头上推举	086	1 个	1 个	1 个	1 个
		休息 3~4 分钟	休息 3~4 分钟	休息 3~4 分钟	休息 2~3 分钟
四级大循环训练		3~4 组	3~4 组	4~5 组	4~5 组
屈臂俯卧撑	181	5~7 个（每侧）	5~7 个（每侧）	5~7 个（每侧）	5~7 个（每侧）
杠铃负重前屈	045	8~10 个	8~10 个	8~10 个	8~10 个
杠铃俯身划船	036	6~8 个	6~8 个	6~8 个	6~8 个
平板支撑划船	095	6~8 个（每侧）	6~8 个（每侧）	6~8 个（每侧）	6~8 个（每侧）
		每组间休息 2~3 分钟	每组间休息 2~3 分钟	每组间休息 1~2 分钟	每组间休息 1~2 分钟
杠铃片复合训练		3~4 组	3~4 组	4~5 组	4~5 组
对角劈	156	6~8 个（每侧）	6~8 个（每侧）	6~8 个（每侧）	6~8 个（每侧）
中劈	156	12~16 个	12~16 个	12~16 个	12~16 个
侧弓步	157	6~8 个（每侧）	6~8 个（每侧）	6~8 个（每侧）	6~8 个（每侧）
		每组间休息 2~3 分钟	每组间休息 2~3 分钟	每组间休息 1~2 分钟	每组间休息 1~2 分钟
独立练习		2~3 组	2~3 组	2~3 组	2~3 组
三角肌后束飞鸟	041	12~15 个	12~15 个	15~20 个	15~20 个
手臂行走	195	4~6 个	4~6 个	6~8 个	6~8 个
		超级组合间休息 60 秒	超级组合间休息 60 秒	超级组合间休息 60 秒	超级组合间休息 60 秒

表 9.9 代谢力量训练计划 3：计划 B

	页码	第一周	第二周	第三周	第四周
哑铃（单侧）组合训练					
土耳其起立（每做 3 个换另一侧）	057	7 分钟（尽量多做几个）；休息 3~4 分钟	8 分钟（尽量多做几个）；休息 3~4 分钟	9 分钟（尽量多做几个）；休息 3~4 分钟	9 分钟（尽量多做几个；负重比第三周的重）；休息 3~4 分钟
四级大循环训练		3~4 组	3~4 组	4~5 组	4~5 组
单臂抗旋转悬挂划船	187	8~10 个（每侧）	8~10 个（每侧）	8~10 个（每侧）	8~10 个（每侧）
哑铃保加利亚式箭步蹲	048	6~8 个（每侧）	6~8 个（每侧）	6~8 个（每侧）	6~8 个（每侧）
哑铃卧推	028	6~8 个（每侧）	6~8 个（每侧）	6~8 个（每侧）	6~8 个（每侧）
拉伸带小范围侧拉	196	12~16 个（每侧）	12~16 个（每侧）	12~16 个（每侧）	12~16 个（每侧）
		每组间休息 2~3 分钟	每组间休息 2~3 分钟	每组间休息 1~2 分钟	每组间休息 1~2 分钟
角度杠铃复合训练		3~4 组	3~4 组	4~5 组	4~5 组
角度反式箭步蹲	126	4~6 个（每侧）	4~6 个（每侧）	4~6 个（每侧）	4~6 个（每侧）
角度肩到肩推举	127	4~6 个（每侧）	4~6 个（每侧）	4~6 个（每侧）	4~6 个（每侧）
角度硬拉到高翻（左侧）	128	6~8 个	6~8 个	6~8 个	6~8 个
角度硬拉到高翻（右侧）	128	6~8 个	6~8 个	6~8 个	6~8 个
		每组间休息 2~3 分钟	每组间休息 2~3 分钟	每组间休息 1~2 分钟	每组间休息 1~2 分钟
独立练习		2~3 组	2~3 组	2~3 组	2~3 组
悬挂肱三头肌臂屈伸	186	10~12 个	10~12 个	12~15 个	12~15 个
Y 形拉伸	189	10~12 个	10~12 个	12~15 个	12~15 个
		超级组合间休息 60 秒	超级组合间休息 60 秒	超级组合间休息 60 秒	超级组合间休息 60 秒

表 9.10　代谢力量训练计划 4：计划 A

	页码	第一周	第二周	第三周	第四周
三级大循环训练		4~5 组	4~5 组	5~6 组	5~6 组
杠铃罗马尼亚式硬拉	042	8~10 个	8~10 个	8~10 个	8~10 个
反手引体向上	034	尽量多做	尽量多做	尽量多做	尽量多做
单臂俯卧撑	180	3~5 个（每侧）	3~5 个（每侧）	3~5 个（每侧）	3~5 个（每侧）
四级大循环（单侧）训练		3~4 组	3~4 组	4~5 组	4~5 组
盒子交叉俯卧撑	181	6~8 个（每侧）	6~8 个（每侧）	6~8 个（每侧）	6~8 个（每侧）
点膝深蹲	054	6~8 个（每侧）	6~8 个（每侧）	6~8 个（每侧）	6~8 个（每侧）
单臂自由站姿哑铃划船	037	6~8 个（每侧）	6~8 个（每侧）	6~8 个（每侧）	6~8 个（每侧）
哑铃箭步屈身	048	6~8 个（每侧）	6~8 个（每侧）	6~8 个（每侧）	6~8 个（每侧）
		每组间休息 2~3 分钟	每组间休息 2~3 分钟	每组间休息 1~2 分钟	每组间休息 1~2 分钟
双侧农夫行走复合训练		3~4 组	3~4 组	4~5 组	4~5 组
农夫行走（1 圈）	158	25~35 米	25~35 米	25~35 米	25~35 米
杠铃俯身划船	036	6~8 个	6~8 个	6~8 个	6~8 个
农夫行走（1 圈）	158	25~35 米	25~35 米	25~35 米	25~35 米
双臂哑铃上勾拳	030	4~6 个（每侧）	4~6 个（每侧）	4~6 个（每侧）	4~6 个（每侧）
农夫行走（1 圈）	158	25~35 米	25~35 米	25~35 米	25~35 米
哑铃反式箭步蹲	053	5~6 个（每侧）	5~6 个（每侧）	5~6 个（每侧）	5~6 个（每侧）
农夫行走（1 圈）	158	25~35 米	25~35 米	25~35 米	25~35 米
		每组间休息 2~3 分钟	每组间休息 2~3 分钟	每组间休息 1~2 分钟	每组间休息 1~2 分钟
独立练习		2~3 组	2~3 组	2~3 组	2~3 组
拉力器肱二头肌屈臂	042	12~15 个	12~15 个	15~20 个	15~20 个
侧肘平板支撑哑铃侧平举	056	8~10 个（每侧）	8~10 个（每侧）	10~12 个（每侧）	10~12 个（每侧）
		超级组合间休息 60 秒	超级组合间休息 60 秒	超级组合间休息 60 秒	超级组合间休息 60 秒

表 9.11 代谢力量训练计划 4：计划 B

	页码	第一周	第二周	第三周	第四周
哑铃组合训练		8 分钟（尽量多做几组）	9 分钟（尽量多做几组）	10 分钟（尽量多做几组）	10 分钟（尽量多做几组）
单臂自由站姿哑铃划船	037	1 个	1 个	1 个	1 个
手提箱式深蹲	081	2 个	2 个	2 个	2 个
单臂辅助高翻	082	1 个	1 个	1 个	1 个
单臂头上推举	083	1 个（每做 3~4 组后换手）	1 个（每做 3~4 组后换手）	1 个（每做 3~4 组后换手）	1 个（每做 3~4 组后换手）
		休息 3~4 分钟	休息 3~4 分钟	休息 3~4 分钟	休息 3~4 分钟
拉伸带复合训练		4 组	4 组	5 组	5 组
箭步与拉伸带前推（两腿交替）	184	20~24 个（总共）	20~24 个（总共）	20~24 个（总共）	20~24 个（总共）
拉伸带小范围侧拉	196	20~24 个（每侧）	20~24 个（每侧）	20~24 个（每侧）	20~24 个（每侧）
拉伸带游泳	192	20~24 个	20~24 个	20~24 个	20~24 个
单臂复合拉力器划船	039	10~12 个（每侧）	10~12 个（每侧）	10~12 个（每侧）	10~12 个（每侧）
		每组间休息 2~3 分钟	每组间休息 2~3 分钟	每组间休息 1~2 分钟	每组间休息 1~2 分钟
自重复合力训练		8 分钟（尽量多做几组）	9 分钟（尽量多做几组）	10 分钟（尽量多做几组）	10 分钟（尽量多做几组）
深蹲跳	207	4 个	4 个	4 个	4 个
俯卧撑	208	3 个	3 个	3 个	3 个
波比	208	2 个	2 个	2 个	2 个
引体向上	209	1 个	1 个	1 个	1 个
		每组间休息 2~3 分钟	每组间休息 2~3 分钟	每组间休息 1~2 分钟	每组间休息 1~2 分钟
独立练习		2~3 组	2~3 组	2~3 组	2~3 组
蜗牛移动	197	4~7 个	4~7 个	7~10 个	7~10 个
杠铃负重提踵	121	12~15 个	12~15 个	15~20 个	15~20 个
		超级组合间休息 60 秒	超级组合间休息 60 秒	超级组合间休息 60 秒	超级组合间休息 60 秒

表 9.12　代谢力量训练计划 5：计划 A

	页码	第一周	第二周	第三周	第四周
三级大循环训练		4 组	4 组	5 组	5 组
反手引体向上	034	尽量多做	尽量多做	尽量多做	尽量多做
哑铃反式箭步蹲	053	6~8 个（每侧）	6~8 个（每侧）	6~8 个（每侧）	6~8 个（每侧）
上斜哑铃卧推	028	6~8 个	6~8 个	6~8 个	6~8 个
		每组间休息 2~3 分钟	每组间休息 2~3 分钟	每组间休息 1~2 分钟	每组间休息 1~2 分钟
五级大循环训练		3~4 组	3~4 组	4~5 组	4~5 组
角度单臂划船	131	8~10 个（每侧）	8~10 个（每侧）	8~10 个（每侧）	8~10 个（每侧）
点膝深蹲	054	6~8 个（每侧）	6~8 个（每侧）	6~8 个（每侧）	6~8 个（每侧）
角度肩到肩推举	127	6~8 个（每侧）	6~8 个（每侧）	6~8 个（每侧）	6~8 个（每侧）
单臂摆举	084	8~10 个（每侧）	8~10 个（每侧）	8~10 个（每侧）	8~10 个（每侧）
手臂行走	214	3~5 个	3~5 个	3~5 个	3~5 个
		每组间休息 2~3 分钟	每组间休息 2~3 分钟	每组间休息 1~2 分钟	每组间休息 1~2 分钟
杠铃片复合训练		3~4 组	3~4 组	4~5 组	4~5 组
对角劈	156	8~10 个（每侧）	8~10 个（每侧）	8~10 个（每侧）	8~10 个（每侧）
中劈	156	10~12 个	10~12 个	10~12 个	10~12 个
侧弓步	157	6~8 个（每侧）	6~8 个（每侧）	6~8 个（每侧）	6~8 个（每侧）
瑞士球卷体	064	10~12 个	10~12 个	10~12 个	10~12 个
		每组间休息 2~3 分钟	每组间休息 2~3 分钟	每组间休息 1~2 分钟	每组间休息 1~2 分钟
独立练习		2~3 组	2~3 组	2~3 组	2~3 组
单腿臀推	176	12~15 个（每侧）	12~15 个（每侧）	15~20 个（每侧）	15~20 个（每侧）
杠铃小彩虹划船	060	10~12 个（每侧）	10~12 个（每侧）	12~15 个（每侧）	12~15 个（每侧）
		超级组合间休息 60 秒	超级组合间休息 60 秒	超级组合间休息 60 秒	超级组合间休息 60 秒

表 9.13　代谢力量训练计划 5：计划 B

	页码	第一周	第二周	第三周	第四周
四级大循环训练		4 组	4 组	5 组	5 组
宽握距俯身划船	036	8~10 个	8~10 个	8~10 个	8~10 个
哑铃箭步屈身	048	6~8 个（每侧）	6~8 个（每侧）	6~8 个（每侧）	6~8 个（每侧）
哑铃卧推	028	8~10 个	8~10 个	8~10 个	8~10 个
单臂哑铃上推举	031	6~8 个（每侧）	6~8 个（每侧）	6~8 个（每侧）	6~8 个（每侧）
		每组间休息 2~3 分钟	每组间休息 2~3 分钟	每组间休息 1~2 分钟	每组间休息 1~2 分钟
四级大循环训练		3~4 组	3~4 组	4~5 组	4~5 组
保加利亚式分腿深蹲	179	6~8 个（每侧）	6~8 个（每侧）	6~8 个（每侧）	6~8 个（每侧）
哑铃平板支撑划船	056	6~8 个（每侧）	6~8 个（每侧）	6~8 个（每侧）	6~8 个（每侧）
深蹲到罗马尼亚式硬拉	133	6~8 个	6~8 个	6~8 个	6~8 个
哑铃卧推	028	6~8 个	6~8 个	6~8 个	6~8 个
		每组间休息 2~3 分钟	每组间休息 2~3 分钟	每组间休息 1~2 分钟	每组间休息 1~2 分钟
双手壶铃组合训练（一手一只）		8 分钟（尽量多做几组）	9 分钟（尽量多做几组）	9 分钟（尽量多做几组）	10 分钟（尽量多做几组，负重比第三周的重）
双臂摆举	100	2 个	2 个	2 个	2 个
双臂摆翻	101	1 个	1 个	1 个	1 个
前蹲	101	1 个	1 个	1 个	1 个
双臂头上推举	102	1 个	1 个	1 个	1 个
独立练习		2~3 组	2~3 组	2~3 组	2~3 组
双臂伐木	065	8~10 个（每侧）	8~10 个（每侧）	12~15 个（每侧）	12~15 个（每侧）
Y 形瑞士球后背扩展	195	12~15 个	12~15 个	12~15 个	12~15 个
		超级组合间休息 60 秒	超级组合间休息 60 秒	超级组合间休息 60 秒	超级组合间休息 60 秒

表 9.14　代谢力量训练计划 6：计划 A

	页码	第一周	第二周	第三周	第四周
四级大循环训练		4 组	4 组	5 组	5 组
哑铃卧推	028	10~12 个	10~12 个	10~12 个	10~12 个
单腿单臂罗马尼亚式硬拉	043	6~8 个（每侧）	6~8 个（每侧）	6~8 个（每侧）	6~8 个（每侧）
宽握距坐姿划船	040	10~12 个	10~12 个	10~12 个	10~12 个
虾式跳水后伸	063	8~10 个	8~10 个	8~10 个	8~10 个
		每组间休息 2~3 分钟	每组间休息 2~3 分钟	每组间休息 1~2 分钟	每组间休息 1~2 分钟
四级大循环训练		3~4 组	3~4 组	4~5 组	4~5 组
哑铃卧推凳登台阶	055	6~8 个（每侧）	6~8 个（每侧）	6~8 个（每侧）	6~8 个（每侧）
T 形杠划船	035	8~10 个	8~10 个	8~10 个	8~10 个
哑铃箭步屈身	048	6~8 个（每侧）	6~8 个（每侧）	6~8 个（每侧）	6~8 个（每侧）
盒子交叉俯卧撑	181	6~8 个（每侧）	6~8 个（每侧）	6~8 个（每侧）	6~8 个（每侧）
		每组间休息 2~3 分钟	每组间休息 2~3 分钟	每组间休息 1~2 分钟	每组间休息 1~2 分钟
四级大循环训练		3~4 组	3~4 组	4~5 组	4~5 组
单臂复合拉力器划船	039	8~10 个（每侧）	8~10 个（每侧）	8~10 个（每侧）	8~10 个（每侧）
深蹲跳	096	8~10 个	8~10 个	8~10 个	8~10 个
单臂拉伸带平推	032	8~10 个	8~10 个	8~10 个	8~10 个
瑞士球提臀屈腿	176	15~20 个	15~20 个	15~20 个	15~20 个
		每组间休息 2~3 分钟	每组间休息 2~3 分钟	每组间休息 1~2 分钟	每组间休息 1~2 分钟
独立练习		2~3 组	2~3 组	2~3 组	2~3 组
杠铃小彩虹划船	060	12~15 个（每侧）	12~15 个（每侧）	15~20 个（每侧）	15~20 个（每侧）
肱三头肌哑铃仰卧臂屈伸	033	12~15 个	12~15 个	15~20 个	15~20 个
		超级组合间休息 60 秒	超级组合间休息 60 秒	超级组合间休息 60 秒	超级组合间休息 60 秒

表 9.15 代谢力量训练计划 6：计划 B

	页码	第一周	第二周	第三周	第四周
杠铃组合训练		8 分钟（尽量多做几组）	9 分钟（尽量多做几组）	10 分钟（尽量多做几组）	10 分钟（尽量多做几组，负重比第三周的重）
俯身划船	072	1 个	1 个	1 个	1 个
罗马尼亚式硬拉	073	2 个	2 个	2 个	2 个
跳跃耸肩	073	1 个	1 个	1 个	1 个
高翻	074	1 个	1 个	1 个	1 个
头上推举	075	1 个	1 个	1 个	1 个
杠铃颈前深蹲	51	1 个	1 个	1 个	1 个
		休息 3~4 分钟	休息 3~4 分钟	休息 2~3 分钟	休息 2~3 分钟
自重复合训练		8 分钟（尽量多做几组）	9 分钟（尽量多做几组）	10 分钟（尽量多做几组）	10 分钟（尽量多做几组，负重比第三周的重）
上举反式箭步蹲	175	4 个（每条腿）	4 个（每条腿）	4 个（每条腿）	4 个（每条腿）
霹雳舞俯卧撑	168	3 个	3 个	3 个	3 个
蛙跳	179	2 个	2 个	2 个	2 个
反手引体向上	034	1 个	1 个	1 个	1 个
		每组间休息 2~3 分钟	每组间休息 2~3 分钟	每组间休息 1~2 分钟	每组间休息 1~2 分钟
单侧农夫行走复合训练		3~4 组（每侧）	3~4 组（每侧）	4~5 组（每侧）	4~5 组（每侧）
单臂农夫行走（1 圈；左手）	057	25~35 米	25~35 米	25~35 米	25~35 米
单臂摆举（左手）	084	6~8 个	6~8 个	6~8 个	6~8 个
单臂农夫行走（1 圈；左手）	057	25~35 米	25~35 米	25~35 米	25~35 米
反式箭步蹲（左手拿哑铃；向后退左腿）	162	6~8 个	6~8 个	6~8 个	6~8 个
单臂农夫行走（1 圈；左手）	057	25~35 米	25~35 米	25~35 米	25~35 米
单腿单臂罗马尼亚式硬拉	043	6~8 个	6~8 个	6~8 个	6~8 个
单臂农夫行走（1 圈；左手）	057	25~35 米	25~35 米	25~35 米	25~35 米
		每组间休息 2~3 分钟	每组间休息 2~3 分钟	每组间休息 1~2 分钟	每组间休息 1~2 分钟
独立练习		2~3 组	2~3 组	2~3 组	2~3 组
拉伸带小范围侧拉	196	12~15 个（每侧）	12~15 个（每侧）	15~20 个（每侧）	15~20 个（每侧）
肱三头肌拉力器屈伸	033	12~15 个	12~15 个	15~20 个	15~20 个
		超级组合间休息 60 秒	超级组合间休息 60 秒	超级组合间休息 60 秒	超级组合间休息 60 秒

创建你的代谢力量训练周计划

为了帮助你创建自己的代谢力量训练周计划，假设你每周锻炼 4 天。这里有一些选择，见表 9–16~ 表 9–18。

表 9.16　每周 4 天的训练：选择 1

周一	计划 A
周二	计划 B
周三	休息或积极的休息（见第十章）
周四	计划 A
周五	计划 B
周六	休息或积极的休息
周日	休息或积极的休息

表 9.17　每周 4 天的训练：选择 2

周一	休息或积极性休息（见第十章）
周二	计划 A
周三	计划 B
周四	休息或积极的休息
周五	计划 A
周六	计划 B
周日	休息或积极的休息

表 9.18　每周 4 天的训练：选择 3

周一	计划 A
周二	休息或积极的休息（见第十章）
周三	计划 B
周四	休息或积极的休息
周五	计划 A
周六	计划 B
周日	休息或积极的休息

自重训练计划

如果你没办法总去健身房，那么可以使用下面的训练项目，你只需使用身体自重和拉伸带就可以练习（见表 9.19a 和表 9.19b）。这些训练项目只可当作你日常每周健身房训练的补充，在你外出旅行不能去健身房或者没有健身卡的时候。

换句话说，不能仅做这些自重训练项目，它们的设计意图不在于此，也不是要让你用自重训练项目代替你的健身房训练；你的主要训练还是要使用器械来完成。然而，就算你能去健身房，偶尔用一个或者几个自重训练项目代替健身房训练也是可以的，这样就将自重训练与器械训练结合在一起了。

本书提供了两个自重训练计划：计划 A 是中级水平，计划 B 是高级水平。选择最能适应你健身水平的计划。你既可以将两个计划交替进行，也可以坚持按照一个计划执行训练 2~3 次后，再开始另一个训练计划，再训练 2~3 次。

两个自重训练计划都设计成了循环式的训练。反复进行标有 1a、1b、1c 的动作，完成此循环中所有的动作后休息。动作之间，如果需要的话也可以休息，但休息的时间既不能过短也不能过长，要按照实际的需求。按照规定的组数，重复 1a、1b、1c 这组动作（即一个动作循环）。然后进行标有 2a、2b、2c 的动作，以此类推。动作循环之间休息 60~90 秒。

表 9.19a　自重训练计划 A

迷你循环 1（2~3 组）		
1a. 深蹲跳	96 页	8~10 个
1b. 霹雳舞俯卧撑	204 页	8~10 个
1c. 拉伸带下拉	194 页	12~15 个
迷你循环 2（2~3 组）		
2a. 保加利亚式分腿深蹲	179 页	10~12 个（每侧）
2b. 后推俯卧撑	182 页	10~15 个
2c. 拉伸带游泳	192 页	15~20 个
迷你循环 3（2~3 组）		
3a. 单腿臀推	46 页	12~15 个（每侧）
3b. 箭步与拉伸带前推	184 页	16~20 个（总共）
3c. 分腿深蹲单臂拉伸带划船	191 页	12~15 个（每侧）
单独练习（2~3 组）		
4a. 双臂伐木	65 页	12~15 个（每侧）
4b. 手臂行走	195 页	4~6 个
自重复合训练（1~2 组，用最快速度完成）		
5a. 单臂复合拉力器划船	39 页	15 个（每侧）
5b. 上举反式箭步蹲	175 页	16 个（总共）
5c. 俯卧撑	95 页	8~10 个
5d. 波比	202 页	10~15 个

表 9.19b　自重训练计划 B

迷你循环 1（2~3 组）		
1a. 前倾的分腿深蹲剪刀式跳跃	178 页	8~10 个（总共）
1b. 霹雳舞俯卧撑	168 页	8~10 个
1c. 单腿臀推	46 页	10~15 个（每侧）
1d. 单臂拉伸带划船	189 页	12~15 个（每侧）
迷你循环 2（2~3 组）		
2a. 点膝深蹲	54 页	10~12 个（每侧）
2b. 后推俯卧撑	182 页	10~15 个
2c. 拉伸带游泳	192 页	15~20 个
2d. 对角劈或中劈	156 页	10~15 个（每侧）
迷你循环 3（2~3 组）		
3a. 侧向弹跳	178 页	12~15 个（每侧）
3b. 箭步与拉伸带前推	184 页	16~20 个（总共）
3c. 双臂交替拉伸带划船	190 页	24~30 个（每侧）
3d. 蜗牛移动	197 页	4~6 个
自重复合训练（2~4 组，用最快速度完成）		
4a. 手臂行走	195 页	5 个
4b. 分腿深蹲剪刀式跳跃	214 页	16 个（总共）
4c. 霹雳舞俯卧撑	204 页	8~10 个
4d. 波比—蛙跳	202 页	8~10 个

减脂 5+ 训练计划

减脂 5+ 训练计划是一个拿来即用的训练公式，基于第四章讲过的循环训练概念。而且，减脂 5+ 这个名字很酷，朗朗上口，易于记忆。

简单来说，减脂 5+ 的训练动作由 5 个练习循环反复进行而组成。设置这个动作循环，不仅是为了得到一个简洁（但不简单）、可遵循的训练模式，也是为了得到一个充分、全面的训练公式，将全部的基础训练包括其中。减脂 5+ 训练计划有两个基本组成部分：4 个力量练习和一个全身的有氧练习。

当你循环做力量练习时，减脂 5+ 的循环动作创造出一种持续的心肺效果。不管什么时间，也不管你做的是什么力量练习，你的身体都会泵出更多的血液提供给运动中的肌肉。先做上肢练习，然后做下肢练习和核心练习，这样，你就在持续改变身体要增加血液流动的部位。此外，每完成一个力量动作循环，辅以一个爆发式的全身有氧间歇练习，能使这个心肺效果持续更久。

下面就是构成减脂 5+ 的 5 个训练类别。

1. 上肢推力练习
2. 上肢拉力练习
3. 下肢练习
4. 核心练习
5. 有氧练习

减脂 5+ 循环之美就在于它的简洁与通用性。事实上，你可以在减脂 5+ 训练计划中插入你想要的任何练习，只要它属于以上这 5 个练习类别。对于力量训练练习，循环训练这一章中的任何动作（可以是自由重量的动作，也可以是自重训练的动作）都可以放在减脂 5+ 训练计划中。此外，自重训练这一章中的任何自重训练动作也可以结合到减脂 5+ 的循环中，只要它们属于以上列举的这 5 类练习。以下更具体地介绍各个练习类别。

上肢推力练习

这些练习的目的是加入胸部、肩部、肱三头肌和躯干肌肉的练习，以保持身体姿势稳定。对于上肢推力练习，我建议做以下 5 个动作。

1. 箭步蹲和拉伸带前推
2. 霹雳舞俯卧撑
3. 后推俯卧撑
4. 盒子交叉俯卧撑
5. 上勾拳（哑铃）

上肢拉力练习

这些练习的目的是加入背部、肩部、肱二头肌和躯干的肌肉，以保持身体姿势稳定。对于上肢拉力练习，我建议做以下 5 个动作。

1. 宽握距拉伸带划船
2. 拉伸带游泳
3. 双臂交替拉伸带划船
4. 悬挂划船（低肘距或宽肘距均可）
5. Y 形拉伸

下肢练习

你既可以选择下肢腿部练习，也可以选择下肢臀部练习。这些练习的目的是加入腿部、臀部和躯干的肌肉练习，以保持身体姿势稳定。对于下肢练习，建议做以下 4 个动作。

1. 颈前（后深蹲）
2. 摆举（壶铃或哑铃）
3. 侧弓步
4. 腿交替登台阶（哑铃）

核心练习

这些练习的目的是专注于腹部肌肉组织和斜肌肌肉组织，同时也加上了臀部和肩部的肌肉。正如前面所说，事实证明，这比孤立地锻炼腹肌更加有效。对于核心练习，建议做以下 5 个动作。

1. 蜗牛移动
2. 手臂行走
3. 瑞士球卷膝
4. 杠铃小彩虹划船
5. 单臂平板支撑

有氧练习

这里提供了一些有氧练习动作，可以加在减脂 5+ 循环中。尽管在本书提供的训练计划里，本书并不建议将这些动作用作长期固定的有氧运动，但我们把它们加在了减脂 5+ 循环训练里，作为短期训练项目，以增加进行这些有氧练习动作的有效性。做这些动作的时间都限定在 1~2 分钟，这大大降低了长时间进行有氧运动对你的关节造成的影响。在减脂 5+ 训练中，你有这些有氧运动可以选择：太极拳或跆拳道、跳绳、跑步、健身车（推荐风阻自行车）、划船、反应球、椭圆机和沃萨攀爬器。

减脂 5+ 训练方案

一个完整的减脂 5+ 循环时长 5 分钟——4 分钟的训练时间加上 1 分钟的休息时间。因此， 2 组循环持续 10 分钟，3 组循环持续 15 分钟。现在你会明白减脂 5+ 这个名字是从何而来：5 个练习动作，每个循环刚好用时 5 分钟。你将在本章后面的训练计划中看到，一个减脂 5+ 循环，你一般需要做 2~3 组。

减脂 5+ 循环中的 4 个力量练习动作，做的时候都需要持续 30 秒的时间。然后休息 15 秒，再开始下一个力量动作。然而，最后做的全身有氧运动需要持续 1~2 分钟。这意味着，随着你身体素质的提高，做完一个循环后，你可能不需要完整的 60 秒休息时间了。相反，你可能想要进行更长时间的积极性休息，把你的有氧运动时间延长至 2 分钟（而不再是 1 分钟），然后直接进入下一个循环。换句话说，你从不停止运动。不管你用哪种方式，做 1 分钟的有氧运动，休息 1 分钟，然后开始下一

减脂 5+ 循环和双侧练习

尽管像第四章介绍的那样，单侧练习肯定能够加入减脂 5+ 循环训练计划中，但这些循环训练如果只使用身体双侧的练习或四肢交替的练习，例如箭步蹲或登台阶（每次都要换腿），动作做起来会更流畅。并且在减脂 5+ 循环训练中，组合的动作（例如深蹲、俯卧撑、反手引体向上和杠铃划船）比小的、单一关节的练习动作（例如肱二头肌卷曲、肱三头肌屈伸）更好。做组合的动作产生的代谢力量反应比做单一关节的动作要好，因为组合动作牵动更多的肌肉，而减脂 5+ 的原则就是要让每一个动作、每一个循环和每一个训练计划都达到最大的代谢效果。

组的循环训练力量训练的还是做 2 分钟的有氧运动后就开始下一组循环，力量训练的时间都是 5 分钟。当然，拿掉全部的休息时间将会让你的训练更加富有成效，因为在同样的时间段里，你做的运动量增加了。

减脂 5+ 循环里需要考虑的强度有两个：整个循环的总体强度，一个循环中各个练习动作的训练强度。做循环中的力量练习时，你应当能够完成 30 秒的训练，而且动作标准，与你开始动作时保持相对一致的节奏。如果从 1 到 10 进行打分（训练非常刻苦是 10 分），每个力量练习做完后，你都应当得到 7~8 分。也正因为力量练习的训练强度比全身有氧运动要高，力量练习的训练时间较短（30 秒）。我们的目标是在 30 秒内尽可能多地重复练习。 然而，绝不要为了动作的数量而牺牲了动作的质量。如果疲惫感开始逐渐影响到你的动作质量，那么就要降低动作的速度或者减少动作的范围（例如，做深蹲或俯卧撑时不必到达最低位置），以使动作变得更加简单、更加可控，这样才能对身体保持合理的控制。

对于循环间的有氧运动，做的时候心率达到最大心率的 70%~80% 即可。等到要开始下一组循环的时候，你应当感觉已经恢复得差不多了。如果你能说出一句完整的话而没有大喘气（气喘吁吁），那么你进入下一组循环是没问题的。但是，如果过了循环之间 60 秒的休息时间，你仍在气喘吁吁，那么你需要降低有氧运动的强度。

做了 2~3 组相同的练习后，你会发现循环训练中的力量动作在变化，但有氧运动的动作自始至终保持一致，贯穿整个训练，不管力量动作变换了多少次。保持有氧训练内容相同，让你能够从头到尾保持一致的训练节奏。而每做 2~3 组循环就更换力量动作，创造出了足够的多样性，使训练内容始终充满趣味，用各种方式帮助你刺激肌肉。

减脂 5+ 训练计划

表 9.20a 和表 9.20b 提供了两个减脂 5+ 训练计划——一个中级计划和一个高级计划。一定要根据你的健身水平选择出适合你的训练计划。你可以把循环训练中你使用过的力量或有氧部分的动作任意进行组合。只要保证遵循循环训练的结构即可。

表 9.20a　减脂 5+ 训练计划 A

减脂 5+ 循环训练 1（2~3 组 *）		
1a. 徒手深蹲	171 页	30 秒
1b. 单臂平板支撑	197 页	15 秒（每侧）
1c. T 形俯卧撑	97 页	30 秒
1d. 双臂交替拉伸带划船	190 页	30 秒（每侧 15 秒）
有氧运动：太极拳		1 分钟
减脂 5+ 循环训练 2（2~3 组 *）		
2a. 哑铃保加利亚式箭步蹲	48 页	30 秒（总共）
2b. 手臂行走	195 页	30 秒
2c. 箭步与拉伸带前推	184 页	30 秒
2d. 宽握距拉伸带划船	190 页	30 秒
有氧运动：太极拳		1 分钟
减脂 5+ 循环训练 3（2~3 组 *）		
3a. 侧弓步	157 页	30 秒（总共）
3b. 站姿拉伸带抗旋转拉伸	196 页	15 秒（每侧）
3c. 瑞士球俯卧撑	225 页	30 秒
3d. 拉伸带游泳	192 页	30 秒
有氧运动：太极拳		1 分钟

* 每个动作之间休息 15 秒，每组之间休息 1 分钟。

表 9.20b 减脂 5+ 训练计划 B

减脂 5+ 循环训练 1（2~3 组 *）		
1a. 1 个深蹲（自重）+1 个波比 +1 个深蹲（自重）	171 页，208 页	30 秒
1b. 霹雳舞俯卧撑	204 页	30 秒
1c. 双臂交替拉伸带划船	190 页	30 秒（每侧 15 秒）
1d. 拉伸带小范围侧拉	196 页	30 秒（每侧 15 秒）
有氧运动：跳绳		1 分钟
减脂 5+ 循环训练 2（2~3 组 *）		
2a. 哑铃箭步屈身	48 页	30 秒
2b. 手臂行走	195 页	30 秒
2c. 箭步与拉伸带前推	184 页	30 秒
2d. 拉伸带游泳	192 页	30 秒
有氧运动：太极拳		1 分钟
减脂 5+ 循环训练 3（2~3 组 *）		
3a. 箭步转体	174 页	30 秒（总共）
3b. 蜗牛移动	197 页	30 秒
3c. 后推俯卧撑转体	183 页	30 秒
3d. 拉伸带下拉	194 页	30 秒
		1 分钟
减脂 5+ 循环训练 4（2~3 组 *）		
4a. 哑铃卧推凳登台阶	55 页	30 秒（总共）
4b. 哑铃平板支撑划船	56 页	15 秒（每侧）
4c. 双臂组合拉伸带划船	212 页	30 秒
4d. 哑铃上勾拳	30 页	30 秒
有氧运动：太极拳		1 分钟

* 每个动作之间休息 15 秒，每组之间休息 1 分钟。

把减脂 5+ 训练加入每周的训练中

根据前面讲的训练方法，你可以在训练的日子里加入减脂 5+ 的训练，以使你的训练项目和计划更加多样。如果你的日程允许你每周训练 4 天，下面的每周 4 天的训练计划已包括了 1 天的减脂 5+ 训练（见表 9.21 至表 9.23）。

如果你的日程允许你每周训练 5 天（推荐训练 5 天，这样能得到最佳的健身效果），下面的每周 5 天的训练计划已包括了 1 天的减脂 5+ 训练（见表 9.24 至表 9.25）。

表 9.21 每周 4 天的训练（含减脂 5+ 训练）：选择 1*

周一	计划 A
周二	计划 B
周三	休息或积极的休息
周四	计划 A
周五	减脂 5+ 训练（45 分钟）
周六	休息或积极性休息
周日	休息或积极性休息

* 下一周的周一执行计划 B，周二执行计划 A，以此类推。

表 9.22　每周 4 天的训练（含减脂 5+ 训练）：选择 2*

周一	休息或积极的休息
周二	计划 A
周三	计划 B
周四	休息或积极的休息
周五	计划 A
周六	减脂 5+ 训练（45 分钟）
周日	休息或积极的休息

* 下一周的周二执行计划 B，周三执行计划 A，以此类推。

表 9.23　每周 4 天的训练（含减脂 5+ 训练）：选择 3*

周一	计划 A
周二	休息或积极的休息
周三	计划 B
周四	休息或积极的休息
周五	计划 A
周六	减脂 5+ 训练（45 分钟）
周日	休息或积极的休息

* 下一周的星期一执行计划 B，周三执行计划 A，以此类推。

表 9.24　每周 5 天的训练（含减脂 5+ 训练）：选择 1*

周一	计划 A
周二	计划 B
周三	休息或积极的休息
周四	计划 A
周五	计划 B
周六	减脂 5+ 训练（35~50 分钟）
周日	休息或积极的休息

* 下一周的星期一执行计划 B，周二执行计划 A，以此类推。

表 9.25　每周 5 天的训练（含减脂 5+ 训练）：选择 2*

周一	休息或积极的休息
周二	计划 A
周三	计划 B
周四	休息或积极的休息
周五	计划 A
周六	计划 B
周日	减脂 5+ 训练（35~50 分钟）

既然已经给你上了硬菜，现在该上甜点了。在下一章，我们将介绍一些你应当知道的东西，以帮助你在未来相当长的时间里能够从本书提供的训练策略中继续受益。

第十章
日常减脂训练的策略

最后一章的内容是要给读者提供各种生活中的训练策略。这些策略既简单又实用，不仅会帮助你从这本书的训练理念和训练计划中得到短期的健身效果，还能让你维持长期、可持续的成效。

改变你的常规

人类身体的适应性有其美妙之处。重复做一件事，那么身体就会变得愈加擅长，效率也越高。尽管这是一个奇妙的特性，熟能生巧，但也意味着，按照某个计划训练得太久，这个计划很可能就不会像我们开始训练时那么有效果了。然而，还是需要有持续的训练时间，这样才能提高你做这些（新）练习的技能，创造神经适应，让你在一个给定的练习中更好地协调和激活所用到的相关肌肉。而且，按照一个训练计划持续锻炼，还能根据该计划的要求提高你的健身水平。换句话说，如果你总是改变训练计划，你是没有办法测定你是否在进步的。

所以，是的，你想要训练内容丰富多样，但不能太过繁多，也不能变换得太频繁。让我们来探索一下，你的身体究竟是如何适应练习动作的，以及应当过多长时间再改变常规训练。

理解你的身体是如何对练习动作做出反应的

有关训练的一个常见问题就是你应该多长时间改变一次训练计划。针对这个问题，我给出的答案就是，每过 3~5 周。这是基于汉斯·塞利提出的全身适应综合征（GAS）得出的。GAS 描述了人类身体对压力反应的 3 个阶段。

警觉或不适阶段

在这个阶段，系统受到新刺激产生不适，包括肌肉酸痛、僵硬以及可能（暂时的）运动表现下降。第一个阶段无可避免；每过 3~5 周时间，只要你换训练项目，它（早期）就会出现。

抵抗或适应阶段

在这个阶段，身体会对刺激做出积极的适应，可能包括肌肉块变大、力量增强、运动单元募集（即神经肌肉协调能力）提高、结缔组织力量增强以及骨骼质量变大。目的就是对新的训练（即训练刺激）做出积极的适应，但没有达到习惯的程度。习惯之后就不会再积极适应了。

每过 3~5 周改变一下训练计划，能给你的身体足够的时间来适应；事实表明，增强的神经肌肉协调性和提升的肌肉肥大（即肌肉块）出现在早期（第一个 3~5 周）或开始新的训练计划之时（第 2、第 3、第 4 个 3~5 周），但这个时间并不足以让你的身体习惯训练刺激。习惯之后，这个计划就变得无趣，大大不如从前或者不再对身体有效果了。如果你每周做的动作重复次数是相同的，较频繁（每过 3~4 周）地更换练习动作是个好主意。但是，如果每周做的练习虽然相同，但你会改变动作组的数量和动作重复次数，因为在重复次数上已有不同，你就不必那么频繁地改变训练计划。所以，每过 5~6 周更换计划是合适的。

穷尽或筋疲力尽阶段

在这个阶段，身体修复的能力和积极应对压力的能力都减弱，这会导致训练过度，出现无聊感，以及运动表现和能量的衰退。你应该避免穷尽阶段。在这个阶段，你进行的训练量超过了身体所能驾驭的训练量。

对相同的练习使用不同的训练方式

说到身体对练习动作的适应，任何好的训练计划都应当有足够的持久性，能够让你看到进步；应当有足够的变化，防止产生无聊感和可能的重复性压力损伤。这就需要在做同样的基础练习时，采用稍稍不同的方式。例如深蹲，你可以变换脚的位置（大跨步一脚在前一脚在后，或双脚平行打开），变换杠铃的位置（例如颈前深蹲、颈后深蹲），做单腿深蹲，例如分腿深蹲和点膝深蹲。保持不变的是深蹲动作，但是每过几个星期，就要做一下不同的深蹲变式动作，就像刚才介绍的。没有必要对各种练习变得疯狂痴迷。和生活中的任何事情一样，关注基本的东西（例如深蹲），知道如何充分利用这些基础动作（例如各种深蹲的变式动作），才能使你的训练成功。

让你的练习个性化

训练中的一个大问题——很多自己训练的人经常犯这个错误——就是试图让个体去适应练习动作，而不是让练习动作来适应个体。我们都是同一物种，都是人，就像所有的汽车都是同一种运输工具一样。正如有各种各样的汽车，人的身材和体型各不相同。就像你从来不会期待开新卡车会有同开新跑车一样的驾驶感，指望体格像橄榄球跑位的人跟前锋一样奔跑移动是不现实的。而能够与每个人的运动行为方式都契合的练习，是根本不存在的，因为人类个体的动作行为方式是不同的。因此，必须选择那些最能适应我们的运动行为方式的练习动作。

我们的运动行为方式都有所不同，这不仅是基于我们的体型和身材（由我们自身独特的骨骼架构和身体构成成分决定），还受到旧伤、软骨损失或自然的关节退化过程（例如关节炎）的影响。因此，让每一个人都去适应同一个练习动作是有潜在的危险的。这样有可能会导致问题出现，或进一步让现有的问题恶化，因为它有可能与某人当前的生理机能和运动能力相违背。

无论是从生理学角度还是安全角度来讲，试图让你自己去适应某些练习动作是毫无道理的。那么，这里有一个简单的方法，可以让你找到合理的练习动作，因为选择练习动作时它采用的是个性化的方法。

这本书提供了5类练习，所有的训练计划都应该包括这5类练习，以保证你的训练项目充分、全面。它们是：上肢推力练习、上肢拉力练习、下肢腿部练习、下肢臀部练习和腹部或核心练习。每一类练习，我都给你提供了大量的各种各样的练习动作以供选择。选择最适合你的练习动作时，有以下两个简单的标准。

1. *做起来要舒服*——动作不会有疼痛感，感觉自然，不超越你当前的生理能力等。

2. *要有掌控力*——你能够展示出每个练习动作所要求的动作技巧，身体动作做到位。例如深蹲，在下蹲的整个过程中你的膝关节都能和脚趾保持在一条直线上，脊柱能够挺直，且动作流畅。

为了做到这两点，你可能需要调整（缩减）某个动作的运动范围，例如深蹲下去的位置要与你目前的能力相匹配。正如前面讨论的，要想保证能测量出你进行完最后一次训练后比之前进步了多少，你需要进行约4周时间的训练。测量进步的方法可以用一个词来总结：表现！

运动能力的提升可能表现在动作范围的扩大（例如下蹲的深度提高了）或者力量的增加。力量增加的表现比较明显，与之前相比，你能抬举更多的负重，或者使用统一负重能进行的动作重复次数增加了。

关于测量练习的动作范围，如果因为一段时间不做某个练习，你现在的动作做得不如之前到位（如果你不练习，你的动作范围会缩小），那么只要你把这个练习重新加入日常常规训练中，你的动作范围就会逐渐恢复。而如果你做练习的动作范围没有扩大，或者你一旦习惯了做某个练习动作（当然，做这个动作时要感觉舒服，对这个动作有掌控力），你的动作范围停止扩大了，那么并不建议你逼迫自己继续尝试，因为你可能已经达到了当前生理能力所允许的极限。

学会刻苦并且聪明地进行训练

这本书中的许多代谢力量训练都是高强度的，因此具有挑战性。尽管跟随这本书把这些训练计划付诸实践，你会感到很兴奋，但是要明白的是，正如你之前学习到的，要想让一个训练计划最大限度地安全、有效，你必须避免穷尽（即筋疲力尽）阶段。“要么拼命，要么滚蛋”的精神状态并不是聪明的训练方法；相反，这是一剂由自负驱使的苦方，会迅速降低你的运动表现和健康水平。

开始使用这本书的理念时，一定要使用你的头脑，而不是你的自负。循序渐进地从各个训练计划中取得进步，把你所有的训练难度都保持在对目前健身水平有挑战性、但不会使你趴地上或让你感到想呕吐的水平上。任何类型的训练都能让你感到疲惫，但只有聪明的训练才能让你感觉更好。要聪明，不要通过训练创造的疲惫感来评判你的训练计划，要通过它们带来的效果，即是否增加了肌肉、减少了体脂（在不带来损失的情况下）来评判。

加入其他类型的练习

我已经给你提供了大量的各种各样的练习选择，你可以把它们加入你的代谢力量训练计划中。我们已经讨论过使用多种练习动作的重要性，这不仅是为了适应你身体运动行为的方式，也是为了让你的训练计划一直充满趣味，使你的身体一直处于积极适应的状态。那么，尽管这本书的练习动作并不相同，但它们仍然可以被归为同一种训练，那就是（代谢）力量训练。而正如同做各种不同的练习、保证训练计划的全面性很重要一样，在你进行的一种练习中加入多样元素，能保证你锻炼出的身体不仅强健，而且各种能力也得到全面提升。下面的练习，它们能够让你的代谢力量训练多样化，并对你的代谢力量训练有所补充。

进行一项体育运动

冲刺时的奔跑与橄榄球四分卫向你传球时你的奔跑有什么不同？实际上，它们是一样的，只不过为了接球的奔跑更有乐趣，因为你是在玩，而冲刺跑是在“训练”。不管你对训练的积极性有多高，比赛中的体育活动都更有趣。进行一项你平时经常玩的体育运动，每周练习几次，不仅有助于你保持更有活力的状态，让你保持身材和健康，还比只去健身房有乐趣多了。此外，它还能作为本书中的代谢力量训练计划的补充练习。

做做瑜伽

关节都有它的活动范围。关节的构造，使得关节主要在其活动范围的中间段发挥功能，这是关节的一般规则。但是关节也需要进行一些全程范围的活动，以保持关节的健康，维持其现有的关节活动范围。俗话讲：用进废退。

本书的代谢力量训练理念避免让关节做全程范围的活动，因为这是最安全的举重物的方式。也就是说，每周参加 1 次或者更多次数的瑜伽课，能对你的代谢力量训练计划进行很好的补充。由于瑜伽负重轻、节奏慢，许多瑜伽动作要求你的关节活动到最大限度，这种活动关节的方式，你在力量训练中是碰不到的。做瑜伽有助于保证关节更加健康，提供更多类型的活动，让你的身体全面发展，不仅强健，而且灵活。此外，许多运动员还发现，瑜伽能够帮助他们从高强度训练中得到休息和恢复。

找时间休息和恢复

找时间从高强度训练，例如本书中的代谢力量训练中得到休息和恢复，是至关重要的，因为你的身体并不是在训练期间变得更加强健，而是在训练计划间的恢复期变得更加强健和灵活。因此，改善你的恢复期能提升你的训练成果。这就是本书的健身计划建议你每周进行 4~5 次代谢力量训练的主要原因。这能保证你在不同的训练期间得到充足的时间进行恢复，将训练过度的危险降到最低，并继续取得进步。

识别疼痛

这一点是显而易见的，但是很多人非常固执，一定要使用那些让他们感觉疼痛的练习动作。 就像前面说到的，不管是什么原因，如果一个动作让你感到疼，那么找另一个不让你觉得疼的动作来代替。我们这里说的可不是肌肉疲乏或者感到脂肪在燃烧时带来的那种疼痛感。我们这里所说的疼痛感，你离开健身房后也会存在，或者当你做某些动作时就会突然爆发。

这些问题可能需要时间通过休息来痊愈，否则它们可能就成了损伤。损伤是指你身体的一些区域，它们无法再承受高负重，也无法改善。无论是哪种方式，通过痛苦的训练，你都不是在帮助情况好转。事实上，你很可能会让情况变得更糟糕，导致进一步的损伤，这有可能把本来可以通过训练恢复的疼痛区域变得每况愈下。也就是说，由一位有资质的医学专业人士为你评估伤痛，总是比你自己扮演医生明智。

此外，本书给你提供了许多可选择的练习动作。举个例子来说，如果某一个上肢推力练习让你感到疼痛，那么就尝试其他的上肢推力动作，直到找到那个你做起来不疼痛的选择。

另一个帮你避免运动到疼痛部位的办法就是，限制练习动作的动作范围。假设你可以做深蹲练习且不会觉得疼痛，但是当你做到接近下蹲的最低点位置时，疼痛就开始了。像这样的情况，减小深蹲的动作范围即可。在没有疼痛的前提下，你能下蹲到多低的位置，就到多低的位置。

所有的训练（即练习动作）都是施加给身体的压力。正是这种压力，让身体通过变得更强健、更健康来适应，以更有效率地习惯压力、更好地忍受压力来减少受伤的风险。也就是说，明智的训练就是能够给身体足够的压力，让它适应，但又不能给予太多的压力，使组织不堪重负，达到受损伤的程度。当有疼痛时，你对压力的容忍度会严重降低，你很有可能会感到沮丧（而不是有压力），这又可能使情况更糟糕。我的目标是让这本书的练习动作适应你（你是如何运动的，你觉得什么是对的），而不是让你自己去适应这本书中的动作。

停止训练

这又是一个本应该是常识但许多人不照做的事情，因此值得简单说一下。每当按照本书的训练计划训练了几个月之后，你都应该从计划中拿出几天的时间，让你的身体得到恢复，精神再次聚焦。每过8~12周的时间，休息4~7天。这是避免训练过度的有效方法，也让你对回到健身房重新产生渴望，避免你陷入走过场式的训练习惯中。

仅仅因为你从书中的训练计划里拿出时间休息，并不就意味着你可以什么都不做。在你不训练的日子里，尝试做一些影响不大的活动，比如长时间的散步、徒步、骑行或是游泳。在你进行积极的休息时，做瑜伽也是一个很好的选择。如果你已经像之前建议的那样每周做瑜伽，在减负（休息）周增加瑜伽的锻炼即可。

此外，你也不用一整年都在你的训练计划中使用代谢力量训练的方法。实际上，当减脂是你的主要训练目标时，我建议你使用这本书提供的其中两个4周的代谢力量训练计划——这是两个月的训练。然后，做4~6周传统的力量训练，专注于你的力量。这样做不仅能够保持事物的新鲜感，还能保证你的身体不会过度习惯于某种类型的训练。另外，花4~6周时间专注于提升力量，当你回去进行代谢力量训练时，只会帮你更加充分地利用你的训练，因为做这些练习时你将能够更好地控制自己的身体，进行更高强度的训练。

代谢力量训练体系之美，就在于它的多样性、简洁性。通过使用你在这一章和整本书中学到的方法，你将能安全有效地练出你有史以来最好的身材。尽管我已经提供了各种各样的练习动作和训练方法，不管用什么器械，不管训练环境如何，你都可以使用，但我还是鼓励你将书中的方法当作一种启示，启示你使用这些方法去制定属于你自己的代谢力量训练的复合训练、组合训练和循环训练计划。

本书是一个强大的减脂武器，现已解锁放入你的训练武器库中。你需要做的就是使用它！

参考文献

第一章

1. Migliaccio S, Greco EA, et al. Skeletal alterations in women affected by obesity. Aging Clin Exp Res. 2013 Sep 24.

2. Ackerman IN, Osborne RH. Obesity and increased burden of hip and knee joint disease in Australia: results from a national survey. BMC Musculoskelet Disord. 2012 Dec 20;13:254.

3. Sundquist K, Winkleby M, Li X, Ji J, Hemminki K, Sundquist J. Title: Familiar transmission of coronary heart disease: A cohort study of 80,214 Swedish adoptees linked to their biological and adoptive parents. Am Heart J. 2011 Aug;162(2):317–23.

4. Michael Craig Miller M.D. Understanding Depression. Harvard Medical School. March 1, 2011

5. Schoenfeld TJ, Rada P, et al. Physical exercise prevents stress-induced activation of granule neurons and enhances local inhibitory mechanisms in the dentate gyrus. J Neurosci. 2013 May 1;33(18):7770–7.

6. Driver HS, Taylor SR. Exercise and sleep. Sleep Med Rev. 2000 Aug;4(4):387–402.

第二章

1. Brad Schoenfled. The MAX Muscle Plan. Human Kinetics Publishing. 2013. Pg.206.

2. George Abboud, et. al., "Effects of Load-Volume on EPOC After Acute Bouts of Resistance Training in Resistance-Trained Men," Journal of Strength and Conditioning Research, 27(7), 2013.

3. Chantal A. Vella, PhD, Len Kravitz, PhD. Exercise After-Burn: A Research Update. IDEA Fitness Journal. November 2004.

4. Willis et al., J App Phys., vol. 113 no. 12: 1831– 1837; 2012.

5. Heden T, Lox C, Rose P, Reid S, Kirk EP. One-set resistance training elevates energy expenditure for 72 h similar to three sets. Eur J Appl Physiol. 2011 Mar;111(3):477–84.

6. Bahr R, Sejersted OM. 1991. Effect of intensity of exercise on excess postexercise oxygen consumption. Metabolism, 40(8), 836–841.

7. Phelain JF, et al. 1997. Postexericse energy expenditure and substrate oxidation in young women resulting from exercise bouts of different intensity. Journal of the American College of Nutrition, 16(2), 140–146.

8. Yingling VR, Yack HJ, and White SC. 1996. The Effect of Rearfoot Motion on Attenuation of the Impulse Wave at Impact During Running. Journal of Applied Biomechanics. (Champaign, IL: Human Kinetics), 12, 313–325.

第三章

1. Frank M. Sacks, M.D., George A. Bray, M.D., et al. Comparison of Weight-Loss Diets with Different Compositions of Fat, Protein, and Carbohydrates. N Engl J Med 2009; 360:859–873February 26, 2009.

2. Zalesin KC, Franklin BA, Lillystone MA, et al. Differential loss of fat and lean mass in the morbidly obese after bariatric surgery. Metab Syndr Relat Disord. 2010;8(1):15–20. doi:10.1089/met.2009.0012.

3. Santarpia L, Contaldo F, Pasanisi F. Body composition changes after weight-loss interventions for overweight and obesity. Clin Nutr. 2013;32(2):157–161. doi:10.1016/j.clnu.2012.08.016.

4. Chaston TB, Dixon JB, O' Brien PE. Changes in fat-free mass during significant weight loss: a

systematic review. International Journal of Obesity (2005). 2007;31(5):743–750.

5. Redman LM, Heilbronn LK, Martin CK, et al. Metabolic and Behavioral Compensations in Response to Caloric Restriction: Implications for the Maintenance of Weight Loss. PLoS One. 2009;4(2):e4377 EP – . doi:doi:10.1371/journal.pone.0004377.

6. Garthe I, Raastad T, Refsnes PE, Koivisto A, Sundgot–Borgen J. Effect of two different weightloss rates on body composition and strength and power–related performance in elite athletes. Int J Sport Nutr Exerc Metab. 2011;21(2):97 – 104.

7. Mero AA, Huovinen H, Matintupa O, et al. Moderate energy restriction with high protein diet results in healthier outcome in women. J Int Soc Sports Nutr. 2010;7(1):4. doi:10.1186/1550–2783–7–4.

8. Martin CK, Das SK, Lindblad L, et al. Effect of calorie restriction on the free–living physical activity levels of nonobese humans: results of three randomized trials. J Appl Physiol. 2011;110(4):956 – 963. doi:10.1152/japplphysiol.00846.2009.

9. Mozaffarian D, Katan M, Ascherio A, Stampfer M, Willett W. Trans fatty acids and cardiovascular disease. N Engl J Med. 2006;354:1601–13.

10. Amanda R. Kirpitch, MA, RD, CDE, LDN and Melinda D. Maryniuk, MEd, RD, CDE, LDN. The 3 R's of Glycemic Index: Recommendations, Research, and the Real World. Clinical Diabetes October 2011 vol. 29 no. 4 155–159.

11. Hall KD. What is the required energy deficit per unit weight loss? International Journal of Obesity (2005). 2008;32(3):573–576. doi:10.1038/ sj.ijo.0803720.

12. van der Ploeg GE, Brooks AG, Withers RT, Dollman J, Leaney F, Chatterton BE. Body composition changes in female bodybuilders during preparation for competition. Eur J Clin Nutr. 2001;55(4):268–277. doi:10.1038/sj.ejcn.1601154.

13. Withers RT, Noell CJ, Whittingham NO, Chatterton BE, Schultz CG, Keeves JP. Body composition changes in elite male bodybuilders during preparation for competition. Aust J Sci Med Sport. 1997;29(1):11–16. nlm.nih.gov/pubmed/9127683.

14. Erica R Goldstein, Tim Ziegenfuss, et al. International society of sports nutrition position stand: caffeine and performance. Journal of the International Society of Sports Nutrition 2010, 7:5.

15. Holmstrup, ME, Owns CM, Fairchild TJ, Kanaley JA. Effect of meal frequency on glucose and insulin excursions over the course of a day. The Europeane–Journal of Clinical Nutrition and Metabolism. Volume 5, Issue 6, e277–e280. December 2010.

16. Halton T, Hu F. 2004. The effects of high protein diets on thermogenesis, satiety, and weight loss: A critical review. Journal of the American College of Nutrition. Volume 23, 373–385.

第九章

Medeiros HS Jr, Mello RS, et al. Planned intensity reduction to maintain repetitions within recommended hypertrophy range. Int J Sports Physiol Perform. 2013 Jul;8(4):384–90. Epub 2012 Nov 19.

第十章

1. Sale DG. Neural adaptation to resistance training. Med Sci Sports Exerc. 1988 Oct;20(5 Suppl):S135–45.

2. DeFreitas JM, Beck TW, et al. An examination of the time course of training–induced skeletal muscle hypertrophy. Eur J Appl Physiol. 2011 Nov;111(11):2785–90.

3. Seynnes OR, de Boer M, Narici MV. Early skeletal muscle hypertrophy and architectural changes in response to high–intensity resistance training. J Appl Physiol (1985). 2007 Jan;102(1):368–73.

4. Folland JP, Williams AG. The adaptations to strength training : morphological and neurological contributions to increased strength. Sports Med. 2007;37(2):145–68.

作者简介

尼克·特米勒罗教练是 Performance University International 的所有人，该机构向全世界的运动员和训练员、教练员的专业教学项目提供混合力量训练和身体训练。

作为一个教员，尼克教练是众所周知的“教练的教练”。他出席过在冰岛、中国和加拿大举办的国际健身会议。他是 IDEA、NSCA、DCAC 机构所举办的会议的特别主持人，还在全美的健身俱乐部给教练做训练培训。尼克在他家乡——美国佛罗里达州的劳德代尔堡有工作室和指导项目。他创作了超过 15 张的教学 DVD，是 ACE 和 NASM 首席执行官的健身教练。

尼克从事专业健身已有近 20 年时间。2001 年至 2011 年，他在美国马里兰州的巴尔的摩与人合开了一家私人训练中心。他与各种年龄段、各种健身水平的训练爱好者共事过，包括从业余到有专业排名的运动员。2002 年至 2011 年，尼克担任了地面控制综合格斗战斗小组的力量与体能教练，还担任了许多知名运动品牌服饰与器械专家顾问。

尼克的文章曾在 30 多家主要的健康与健身杂志发表，包括 Men's Health, *Men's Fitness, Oxygen, Muscle Mag, Fitness RX, Sweat RX, Status, Train Hard Fight Easy, Fighters Only* 和 *Fight!*。尼克还是几家流行健身训练网站的著名撰稿人。《纽约时报》排行榜上最畅销的两本训练图书都对尼克进行过特别介绍。《ACE 个人训练手册（第 4 版）》中也有关于尼克的介绍。